<u>Vorwort</u>

Was ihnen in der Wohnung, im Hause oder im Garten

Kopfschmerzen macht, - in diesem Ratgeber finden

sie auf (fast) alles eine Antwort.

Alles kann man nicht wissen, und deshalb soll dieser

Ratgeber ein Helfer sein, um sich Zeit, Ärger und Geld

zu sparen.

Generationen haben teueres Lehrgeld bezahlt.

Sie haben den Nutzen davon !

Kurt Bekker

1. <u>**Um das Durchweichen von Ihrem Biskuittorten-Boden**</u> zu vermeiden, bestreichen sie den Boden vor dem Belegen einfach dünn mit Konfitüre.

2. <u>**Rosinen im Kuchen**</u> schmecken besonders gut, wenn sie vor dem Verarbeiten kurz in flüssige Butter oder in Alkohol eingelegt werden.

3. <u>**Knetteig**</u> lässt sich besser verarbeiten, wenn man ein bis zwei Esslöffel Quark zugibt. Auch wird der Teig mürber.

4. Wenn sie mal keinen <u>**Puderzucker**</u> vorrätig haben, geben sie einfach Kristallzucker in einen Mixer. In kürzester Zeit erhalten sie feinsten Puderzucker.

5. <u>**Rosinen, Nüsse u. a.**</u> sollten im Backofen erwärmt werden, damit sie beim Backen nicht nach unten sacken.

6. Sollen <u>**Beeren im Kuchen verwendet werden,**</u> so muss man sie vorher in Zucker und Mehl rollen, damit sie rund bleiben.

7. Die <u>**Glasur**</u> für kaltes Gebäck muss immer heiß sein, für heißes Gebäck jedoch immer kalt.

8. Für <u>**Vollkorngebäck**</u> Getreide nach Möglichkeit selbst mahlen und sofort verarbeiten.

9. Durch Verwendung eines Gläschens Rum oder Weinbrand wird <u>**Käsekuchen**</u> beim Backen lockerer und pikanter.

10. <u>**Gebackener Kuchen**</u> löst sich besser, wenn das heiße Blech einige Minuten auf einem nassen Tuch steht.

11. <u>**Herkömmliche Mürbeteigrezepte**</u> entwickeln sich zu einer neuen Geschmacksrichtung, wenn anstatt Weißmehl und Zucker die gleichen Mengen Vollkornmehl und Vollrohrzucker bzw. Rübensirup verwendet werden; etwas mehr Flüssigkeit zugeben.

12. <u>**Fester Honig**</u> wird im Wasserbad (höchstens 40° C !) wieder flüssig.

13. <u>**Vollkornteige**</u> brauchen etwas mehr Flüssigkeit.

14. Damit der <u>**Boden von Obsttorten**</u> nicht so schnell durchweicht, belegen sie ihn mit Backoblaten, bevor sie das Obst darauf verteilen. Oder sie stellen einen Teil des Tortengusses schon vor dem Garnieren her. Davon streichen sie zwei bis drei Eßlöffel auf den fertigen Boden. Es bildet sich schnell eine Haut, die den Obstsaft nicht mehr durchlässt.

15. <u>**Kuchenteig**</u> lässt sich mühelos <u>**ausrollen**</u>, wenn sie das Nudelholz vorher ins Eisfach legen und die Tischplatte großzügig mit Mehl bestäuben. Falls er trotzdem noch an der Teigrolle kleben bleibt, legen sie den Teig zwischen zwei Bögen Pergamentpapier und wälzen ihn so aus.

16. **Rosinen** sinken beim Backen nicht nach unten in den Teig, wenn man sie wäscht, trocknet und in Mehl wälzt.

17. **Verarbeitet werden sollte stets feiner Zucker.** Er löst sich leichter als der grobe, was bei Rühr- und Biskuitteig wichtig ist. Feiner Zucker lässt sich auch besser in Mürbeteig einkneten. Puderzucker klumpt leicht und sollte daher vor der Verarbeitung stets gesiebt werden. Dabei ist es gleichgültig, ob er für Teig oder Glasuren verwendet wird. Im Teig löst sich Puderzucker nicht auf, und wenn man ihn ungesiebt für Glasuren glatt rühren will, verschwendet man Zeit und Energie.

18. **Hefe** stets frisch kaufen, denn sie verliert ihre Treibkraft durch langes Lagern. Frischeprobe für Hefe: Ein kleines Stück Hefe in heißes Wasser fallen lassen; steigt es an die Oberfläche, ist die Hefe gut. Geht es unter, ist sie unbrauchbar. Dauerbackhefe hat eine Lagerfähigkeit von 12 Monaten.

19. **Hefe löst sich schnell** und gründlich auf, wenn sie mit etwas Zucker zerkrümelt und dann in lauwarme Milch gegeben wird.

20. Wenn man **Schlagsahne süßt,** sollte man den Zucker immer erst kurz vor dem Steifwerden zusetzen.

21. **Nüsse und Mandeln** springen beim Zerhacken nicht vom Brett, wenn man dieses vorher mit Zucker bestreut.

22. Sollen **Zucker und Eier schaumig gerührt werden,** geht es schneller, wenn die im Rezept angegebene Backpulvermenge darunter gemischt wird.

23. **Die Torte** nach dem Backen noch lauwarm verpacken und einfrieren. Sie können sie aber auch in Portionsstücke schneiden und einzeln in Alufolie gewickelt auf Eis legen – so können sie sich jederzeit zum sonntäglichen Kaffee mit Selbstgebackenem verwöhnen.

24. **Torten:** Das Tortenmesser vor dem Schneiden in warmes Wasser tauchen. So schneiden sie die Torte, ohne sie zu verformen.

25. **Vanillezucker:** Vanilleschoten ausschaben und mit Zucker mischen. Schon haben sie ihren selbstgemachten Vanillezucker.

26. **Beim Kuchenbacken** empfiehlt es sich, auf den Boden der Form ein gut mit Fett bestrichenes Blatt Pergamentpapier zu legen, das genau auf den Boden passt. Der Kuchen stürzt sich leichter.

27. **Undichte Springformen** streue man vor Gebrauch mit Paniermehl aus.

28. **Hefeteig** geht sehr schön in der Sonne am Fenster auf. Wenn kein geheizter Raum in der Übergangszeit vorhanden ist, erfüllt ein Kissen als Wärmespender diesen Zweck.

29. **Der Kuchen erhält eine schöne Kruste,** wenn man ihn vor dem Einbringen in den

Backofen mit Milch bestreicht.

30. **Kuchen brennt nicht an,** wenn man eine kleine Schale Wasser unter die Kuchen-platte in den Backofen stellt.

31. **Festsitzender Kuchen** lässt sich besser aus der Form bringen, wenn man ihn ein Weilchen auf ein nasses Tuch stellt.

32. **Schokoladenglasur** auf Backwaren wird schnell fest, wenn man dem Guss einen EL flüssig gemachtes Palmin zufügt. Schnell aufstreichen.

33. **Grieß und Mehl** klumpen nicht, wenn man sie durch einen Trichter gibt.

34. **Für einen Biskuit** nur den Boden der Springform mit Backpapier auslegen. Dafür ein großes Stück Backpapier einspannen. Ränder abschneiden. Rand nicht fetten !

35. **Mandelblättchen** lassen sich leicht mit Hilfe eines Teigspatels an den mit Sahne bestrichenen Biskuitrand drücken. Restliche Mandeln über die Torte streuen.

36. **Alle Zutaten und Arbeitsgeräte** vor Arbeitsbeginn bereitstellen. Die benötigten Mengen abwiegen und wenn erforderlich auf Zimmertemperatur bringen.

37. Wenn ältere oder unsachgemäß aufbewahrte **Blechformen Rostflecken auf-weisen,** bestreut man diese mit etwas Salz, reibt sie mit Speiseöl aus und wischt mit Papier nach.

38. Da **Springformen** häufig nicht sehr gut schließen, verwendet man für den Boden am besten Back- oder Pergamentpapier. Einen 3 – 4 cm größeren Kreis als die Form ausschneiden und den Rand außen am Ring hochfalten. So kann der Teig nicht „weglaufen." Bei Biskuitteig kann man entlang der Innenwand ein Backband aus Kunststoff setzen, das verhindert auf jeden Fall ein Anhaften.

39. Grundsätzlich sollte man alle **Formen vor Gebrauch mit Margarine leicht ein-fetten** (Ausnahme: beschichtete Formen). Verwenden sie zum Einfetten auf keinen Fall geschmacksintensive Fette wie Schmalz oder Speck.

40. **Margarine** aus dem Kühlschrank ist zur Teigverarbeitung zu hart (Ausnahme: Mürbe- und Blätterteig). Um sie schnell geschmeidig rühren zu können, wird die Teigschüssel vorher mit heißem Wasser ausgespült.

41. **Eier** grundsätzlich vorher in einer Tasse aufschlagen, um zu prüfen, ob sie in Ord-nung sind.

42. **Eigelbspuren im Eiweiß** beeinträchtigen das Steifschlagen.

43. **Eischnee** wird immer nur untergezogen, nie verrührt. Der Schnee soll den Teig lockern.

44. Den **Teig** langsam in die Form füllen oder gleiten lassen. Einige Zentimeter unterhalb

des Formrandes müssen frei bleiben, damit der Kuchen Platz zum Aufgehen hat.

45. **Teigtropfen** auf dem Rand oder Außenwand der Form müssen sie unbedingt abwischen. Sie verkohlen sonst beim Backen und beschädigen die Form.

46. **Das Teigausstechen** mit kleinen Plätzchenformen geht einfacher, wenn sie die Förmchen in Mehl tauchen.

47. Nach Ablauf der benötigten **Backzeit** den Ofen ausstellen und das Gebäck bei geschlossener Tür noch fünf Minuten ruhen lassen.

48. **Kuchen- und Tortenböden** vor der weiteren Verarbeitung gut auskühlen lassen. Möglichst über Nacht mit einem Küchentuch abdecken.

49. **Ist der Kuchen zu braun geworden,** reiben sie ihn mit der Rohkostreibe ab und bestreuen ihn dick mit Puderzucker oder überziehen ihn mit einer Glasur.

50. Ungleichmäßig gebackene Oberflächen eines **Tortenbodens** schneidet man mit einem scharfen Messer glatt ab und dreht die Torte um.

51. **Blattgelatine** wird grundsätzlich in kaltem Wasser eingeweicht.

52. **Gelatine,** die nachdem Auflösen klumpt, wird leicht erhitzt und dann durchgesiebt.

53. **Vorbereitetes, geschnittenes Obst,** vor allem Äpfel, Birnen und Bananen, werden rasch dunkel. Legen sie die Schnitzel vor dem Verarbeiten deshalb in Zitronenwasser.

54. Um fertig dekorierte und verzierte Kuchen ohne Missgeschick vom Auskühlgitter auf die Servierplatte bringen zu können, gibt es heute den **praktischen Fächerheber,** dessen Anschaffung sich für alle lohnt, die gern und oft backen.

55. Runde Kuchen und Torten lassen sich sehr einfach mit sogenannten **Tortenteilern** portionieren. Hierfür wird der Torteneinteiler vorsichtig auf die Oberfläche gedrückt. Mit dem Messer können sie dann die markierten Stücke leicht nachschneiden.

56. **<u>Ein bunt gemischter Blumenstrauß</u>** sieht zwar sehr schön aus, bedenken sie aber beim Zusammenstellen, dass sich manche Blumen nicht miteinander vertragen. Rosen, Lilien, Narzissen und Mohnblumen sollten sie nicht mit anderen Schnittblumen kombinieren, da sie sonst schneller welken.

57. **<u>Pflanzenschutz:</u>** Knoblauch, zwischen die Erdbeeren gepflanzt, schützt vor Pilzinfektionen. Wermut neben den Johannisbeeren hilft gegen Säulchenrost. Gegen Stachelbeermehltau vorbeugend mit Schachtelhalm-Brühe spritzen. Erkrankte Spitzentriebe sofort abschneiden ! Himbeeren brauchen eine Bodendecke aus Laub oder Gras, dann wachsen sie gesünder.

58. Pflanzen sie eine **<u>lockere Naturhecke als Lebensraum</u>** für Vögel, Schmetterlinge, Käfer, Igel und die nützlichen Spitzmäuse. Geeignet dafür sind Holunder, HaselnussKätzchenweide, Wildrosen und auch der Schmetterlingsflieder (Buddleja).

59. **<u>Pflanzenschutz:</u>** Pflanzen sie Rosen und Lavendel zusammen. Der kleine Duftstrauch vertreibt die Läuse und bildet zu den Farben der Rosen einen zauberhaften Kontrast. Gegen Mehltau hilft Knoblauch – als Zwischenpflanzung oder als Teeauf-Guss gespritzt.

60. Kombinieren sie Blütenstauden mit Gräsern und ein- oder zweijährigen Sommerblumen. So entstehen lockere, **<u>natürlich wirkende Pflanzungen.</u>** Im Sommer sind stark wachsende Stauden dankbar für eine Zusatzdüngung mit verdünnter Brennessel-Jauche.

61. **<u>Gemüse</u>** gedeiht am besten in abwechslungsreich gemischten Reihen. Empfehlenswert für Anfänger: Kohlrabi – Salat – Kresse – Radieschen . Mischkulturen halten auch Schädlinge fern, zum Beispiel Bohnenkraut neben Buschbohnen die schwarzen Läuse oder Tomaten neben Kohl die Kohlweißlinge.

62. Setzen sie **<u>Nadelgehölze</u>** nicht willkürlich, sondern so, wie sie zu ihrem Landschafts-, Klima- und Bodenverhältnissen passen. Im lichten Schatten von Kiefern und Lärchen können sie Rhododendren pflanzen. So entsteht eine bildschöne, gut abgestimmte Lebensgemeinschaft.

63. **<u>Pflanzenschutz vor Tieren:</u>** Wenn der Garten unter Wühlmäusen leidet, sollten Narzissen gepflanzt werden. Die Nager rühren diese gifthaltigen Zwiebeln nicht an. Der junge Dahlienaustrieb ist von Schnecken bedroht. Stellen sie Bierfallen auf und streuen sie dicke Sägemehlringe um die Pflanzen. Vorgetriebene, starke Dahlien sind weniger gefährdet.

64. Eine Hausverkleidung aus lebendigem Grün **<u>bietet Vögeln und nützlichen Insekten Lebensraum.</u>** Das Blattwerk produziert Sauerstoff; es bindet Staub und Abgase; es reguliert Feuchtigkeit und Luftströmungen; es schützt das Haus vor Sommerhitze und Winterkälte. Wer Klettergewächse pflanzt, der verbessert die Lebensqualität für Mensch und Umwelt.

65. Bedecken sie den Boden unter **<u>Rhododendren</u>** und Azaleen mit einer Decke aus Laub

und zerkleinerten holzigen Abfällen. Darunter bleibt die Erde so feucht, wie diese Gehölze es lieben. Das organische Material setzt sich langsam in leicht sauren Humus um.

66. **Ziersträucher**, wie zum Beispiel Forsythien, Flieder, Blutjohannisbeeren und Felsenbirnen wirken am schönsten, wenn sie frei und ungezwungen wachsen dürfen. Lichten sie nur überalterte Triebe aus. Im Herbst bleibt das Laub am Boden liegen. Im Frühling blühen unter den Sträuchern im Herbst gepflanzte Schneeglöckchen, Anemonen und Narzissen.

67. In einem **neu angelegten Teich** nie Goldfische einsetzen. Ausscheidungen und Futterreste führen zur Überdüngung. Algen können sich dann rasch vermehren. Kleintiere und Froschlaich werden aufgefressen. Nur in größeren Teichen sind Fische sinnvoll. Wählen sie am besten heimische Arten wie Stichling oder Moderlieschen.

68. **Schädlinge** sind oft Zeichen für Kulturfehler; an einem zu warmen Winterstandort bekommt der Oleander Schildläuse. Blattläuse und Weiße Fliegen suchen Geranien heim, Spinnmilben schädigen die Blätter der Engelstrompeten. Zuerst die Ursache des Übels beseitigen; Kulturbedingungen verbessern. Schildläuse zerdrücken, Blattläuse abspritzen, gegen Weiße Fliegen Gelbtafeln aufhängen, milbenverseuchte Blätter entfernen. An der frischen Luft verschwinden die Plagegeister meist wieder.

69. In einem nassen Sommer kann Braunfäule ihre **Tomaten** zerstören. Die Blätter werden braun, die Stiele schwarz. Halten sie die Pflanzen zur Vorbeugung sauber. Auch Folienhauben bieten einen guten Schutz. Setzen sie die Pflanzen im Folgejahr nicht an dieselbe Stelle.

70. Bei essbaren Pflanzen nie **Insektenbekämpfungsmittel** während des Wachstums oder kurz vor der Ernte einsetzen ! Wenn sie Obstbäume, Beerensträucher und Gemüse schon früh regelmäßig kontrollieren und bereits geringen Befall bekämpfen, wird ein Befall während der Hauptwachstumszeit meist so gering sein, dass man ihn nach der Ernte bekämpfen kann. Wenden sie natürliche Methoden wie Abspritzen mit Seifenlösung oder Rainfarntee, zur Bekämpfung an. Damit entfernen sie nicht nur die Blattläuse, sondern beugen auch einem erneuten Befall vor.

71. **Dünger einarbeiten:** Sobald der Boden sich im Frühling erwärmt hat, hacken sie ihn oberflächlich. Dann arbeiten sie Naturdünger, beispielsweise Kompost, ins Beet ein. Als Faustregel gilt, ein Eimer Kompost pro Quadratmeter.

72. **Dünger:** Dosieren sie stark stickstoffhaltigen Dünger genau nach Gebrauchsanweisung. Sie können das Blattwachstum fördern, gleichzeitig wird jedoch die Anzahl der Blüten bei vielen Blumen reduziert. Einige Pflanzen wie Salbei oder Lavendel gedeihen auf mageren Böden besser. Düngen sie solche Pflanzen überhaupt nicht.

73. **Rosen** dürfen nicht auf dem gleichen Standort gepflanzt werden. Wurzelausscheidungen können den Erfolg der Pflanzung in Frage stellen. Vorsichtshalber Boden austauschen oder einen Sommer Tagetees pflanzen und im Herbst untergraben.

74. **Rosen** sollten zur Herbstpflanzung richtig ausgereift sein. Beste Pflanzzeit ab Anfang Oktober.

75. **Abgeblühte Rosen** werden tief zurückgeschnitten. Die untersten Augen treiben am kräftigsten aus und geben die 2. Blüte.

76. **Rosen** vor dem ersten Frost **anhäufeln.**

77. **Rosenstämme zum Überwintern**: Krone mit Tannenreisig umwickeln oder die Stämme runterbiegen und die Krone mit Erdsandgemisch bedecken.

78. Durch **Überdüngung** wird der Befall mit Mehltau bei **Rosen** verursacht. Schneiden sie befallene Rosen im Herbst bis ins gesunde Holz zurück. Bei sehr starkem Befall mit einem Mehltaumittel spritzen. Weniger stickstoffhaltigen Dünger verwenden.

79. Bleibt die **Kletterrose** sich selbst überlassen, wird sie über den Boden wuchern.

80. **Rosen pflanzt man** normalerweise im Herbst, der richtige Zeitpunkt kann aber auch erst im Frühjahr liegen in Gegenden, wo raues Klima herrscht.

81. **Rosen** werden im Frühjahr nach Zeigen der ersten Knospen und nicht mehr mit Frost zu rechnen ist, beschnitten.

82. **Wildrosen** wachsen ähnlich wie Kletterrosen. Sie haben kleinere Blüten und blühen meist nur einmal im Jahr. Sie können wie Kletterrosen am Spalier gezogen werden. Da sie stärker wachsen, müssen sie oft zurückgeschnitten werden, um eine attraktive Form zu behalten. Heimische Wildrosen sind winterhart.

83. **Teehybriden, Floribunda- und Grandiflorarosen** können sie ebenfalls wie Kletterrosen ziehen. Ihre Zweige auf dieselbe Art zur Seite binden. Verwenden sie möglichst nur sehr robuste und gesunde Sorten.

84. Bei **Stauden** sterben alle Triebe zum Herbst bzw. Winter ab. Im Frühjahr wachsen aus den Wurzelballen die Stauden wieder heran.

85. Apfelbäume, Pflaumen, Süßkirschen, Beerensträucher und Pfirsiche brauchen mehr **Kalk** als Zwetschgen, Sauerkirschen und Birnen.

86. Bei der Aussaat von feinem **Blumen- und Gemüsesamen** bedeckt man die Saat nur 1 – 2 mm mit Erde.

87. **Kleine Blumenzwiebeln,** wie Narzissen, Krokusse u. a. müssen alle paar Jahre versetzt werden, und zwar möglichst weit auseinander, da zu eng stehende Pflanzen nicht blühen. **Große Blumenzwiebeln** (Tulpen, Lilien, Hyazinthen) können Jahrzehnte ihren Platz behalten.

88. Große Mengen an **Zwiebelblumen** wirken besonders schön. Da sie nach Farben verkauft werden, können sie lebhafte, kontrastreiche Farbkombinationen zusammen-

stellen. Schwierige Muster sollten sie auf dem Papier planen.

89. Mäuse fressen gern die neu gepflanzten **Zwiebelknollen**. Einen wirksamen Schutz bieten die handelsüblichen Pflanzkörbe.

90. **Edelweiß** wächst auch an halbschattigen Plätzen des Gartens. Damit die einzigartige Blüte schön weiß wird, legt man in das Pflanzloch ein Stück Kalk oder Gips.

91. Flammenblume (Phlox) oder Rittersporn (Delphinium) sind wunderschöne, halbmeterhohe **Gartenstauden,** die in jeder Gartenerde wachsen. In der Vase halten sie sich nur kurze Zeit.

92. Chlorose ist ein **Mineralmangel,** der die Blätter gelb werden lässt. Die Krankheit tritt auf, wenn der Boden nicht sauer oder durchlässig ist. Düngen sie mit eisen- und magnesiumhaltigem Dünger. Senken sie den PH-Wert.

93. **Erdbeeren** kann man durch Jungpflanzen vermehren, die sich an den Ranken bilden. Besser sind jedoch die Neuzüchtungen, die man zur „Blutauffrischung" von den Gärtnereien erhält.

94. **Stachel- und Johannisbeersträucher** werden jährlich nach der Ernte ausgelichtet. Die alten Holzteile werden mit einer Säge direkt über dem Boden entfernt.

95. Wenn **Tomaten** zwischen das Gemüse gepflanzt werden, vertreibt es durch den Geruch die Kohlweißlinge.

96. **Tomaten** sind starke Zehrer, die kräftig mit Kompost gedüngt werden müssen. Der Heilwert durch den Gehalt an Vitamin A, B und C ist unbestritten.

97. **Unkrautfreie Wege** erhält man durch Auslegen alter Dachpappe und Überstreuen derselben mit Kies.

98. Übergießen der Gartenwege bei trockenem Wetter mit Salzwasser lässt kein **Unkraut** aufkommen.

99. **Umgraben** sollte man nur einmal im Jahr, möglichst im Herbst. In der übrigen Zeit werden die Beete nur aufgelockert.

100. **Waldmeister** für die Herstellung von Maibowle, wächst auch im Garten unter Sträuchern.

101. Wird mit der **Gießkanne** gegossen, so ist sie dem Boden nahe zu halten, damit das Verkrusten und Festschlagen der Erde verhindert wird. Beim Schlauch ist ein Feinverteiler zu verwenden.

102. Einige **Gartensalatsorten** können über Winter in schützenden Rillen im Garten stehen bleiben. Im Frühjahr hat man dann gleich schöne Salatköpfe.

103. **Regelmäßiges Hacken** ist halbes Gießen. Viele Pflanzen wollen oft „gehackt" werden.

104. **Bei der Anwendung von Kunstdünger** ist zu berücksichtigen, welche Nährstoffe den Pflanzen zugeführt werden sollen und ob eine schnelle oder langsame Wirkung erwartet wird.

105. Die meisten Samen haben eine mehrjährige **Keimfähigkeit.** Die auf den gekauften Samentütchen notierten Keimgewährsjahre können durchaus überschritten werden.

106. Für Zwiebeliris, Schmucklilie, Alpenveilchen und Safrankrokus ist **Winterschutz** nötig. Den Winter überstehen sie, wenn die Pflanzen mit Reisig oder Laub abgedeckt werden. Im zeitigen Frühjahr, nach dem Zeigen der ersten Triebe, wird es dann entfernt.

107. **Vögel** gehen in einem blitzsauberen Garten nicht auf Insektenfang. Zweige und unbeschnittene Sträucher gehören zu einem vogelfreundlichen Garten.

108. **Vögel lieben Beerenobst.** Aus diesem Grund sollte man die Insektenvertilger jedoch nicht aus dem Garten vertreiben. Spannen sie ein feinmaschiges Netz über die beerentragenden Sträucher.

109. **Eine Tränke, in der Vögel auch baden können,** sollte im Garten, jedoch außer Reichweite von Katzen, nicht fehlen.

110. **Liebstöckel** ist eine ausdauernde Pflanze, deren Blätter den würzigen Geschmack von Maggi haben.

111. **Lavendel** kann bis zu zehn Jahre alt werden. Ihre getrockneten Blütenrispen geben der Wäsche im Schrank den lieblichen Wohlgeruch.

112. Bei **Möhrensamen,** der sehr lange keimt, streut man einige Radieschen als Markiersaat in die Reihe. Man kann dann den Boden zwischen den Reihen lockern, ohne die noch nicht aufgegangene Möhrensaat herauszuziehen.

113. **Eine ertragreiche Obsternte** erreicht man durch das Begießen der Bäume zur Zeit der Blüte.

114. **Zwergformen von Obstbäumen** lohnen beste Pflege und regelmäßigen Schnitt durch Ernten von Qualitätsfrüchten.

115. **Regenwürmer** kommen an die Erdoberfläche, wenn man eine Mistgabel in die Erde sticht und am Stiel rüttelt.

116. **Rigolen** (2-Spatenstich tiefes Umgraben) bringt für den Gemüsegarten ungeahnte Erfolge.

117. Es sollte nur **rotstieliger Rhabarber** angepflanzt werden. Die Blätter werden zur Ernte gebrochen und nicht geschnitten, die Blüten entfernt. Neue Pflanzen gewinnt man durch die Teilung der Wurzeln.

118. **Radieschen** ergeben einen höheren Ertrag, wenn man die Samenkörner einzeln in etwa 10 cm Abstand in die Erde steckt.

119. **Schnecken vernichtet man,** wenn man nasse Bretter auf den Boden legt, unter denen sich die Schnecken sammeln.

120. **Schnecken** kann man durch Salz **vernichten.**

121. **Stalldung** darf nicht zugleich mit Kalk untergegraben werden, da sonst die Wirkung des Naturdüngers aufgehoben wird.

122. **Alle Sämereien** sollten in Reihen ausgesät werden. Das erleichtert die spätere Bearbeitung.

123. **Selbstgezogener Samen** von Blumen und Gemüse macht Freude, der Erfolg befriedigt jedoch nicht, weil durch unkontrollierbare Blütenkreuzungen geringwertigere Pflanzen entstehen.

124. **Sellerie** wird durch Freilegen der Knollen größer. Kalk- und Kalifreund.

125. **Kartoffellaub** vor Krautfäulnis mit Essigwasser besprühen.

126. **Sonnenblumen** pflanzt man am günstigsten am Gartenzaun oder Blumengitter.

127. **Schorfpilze** verursachen auf Früchten und Blättern olivgrüne Flecken, die sich schwarzbraun verfärben. Die Fruchtschale reißt auf und wird schorfig. Entfernen sie befallene Früchte. In schweren Fällen spritzen sie mit einem biologischen Mittel.

128. **Kräutertöpfe** benötigen einen warmen, sonnigen Standort, damit sich Aroma und Duft der Pflanzen gut entfalten können. Wichtig ist eine gute Wasserversorgung. Die Erde im Topf sollte nie völlig austrocknen. Gießen sie deshalb einmal am Tag oder an besonders heißen Tagen morgens und abends. Düngen sie einmal in der Woche mit Flüssigdünger.

129. **Tomaten:** Ein häufiges Problem sind geplatzte Schalen, die oft durch unregelmäßiges Gießen verursacht werden. Die Pflanzen gleichmäßig feucht halten; auf keinen Fall austrocknen lassen und dann heftig gießen.

130. **Tomaten:** Fehlerhafte Schalen sind Anzeichen für Temperaturschwankungen. Der Geschmack wird nicht beeinträchtigt. Schützen sie die Tomaten vor extremer Nässe und starkem Wind.

131. **Ameisen** lecken gerne den Honigtau der Blattläuse auf. Sie „melken" die Läuse

sogar, indem sie diese mit ihren Fühlern betrillern und so zur Abgabe von Honigtau anregen. Nicht selten werden Blattläuse von den Ameisen regelrecht beschützt. Wenn sie Ameisen bei Blattläusen entdecken, bekämpfen sie diese (Fallen im Handel erhältlich). Dann wird sich auch der Blattlausbefall verringern.

132. Ein Anstrich von Kalkmilch **schützt Baumstämme** gegen Frostrisse, denn die weiße Farbe sorgt dafür, dass Sonnenstrahlen reflektiert werden und so die Temperaturunterschiede zwischen Tag und Nacht ausgeglichen werden.

133. **Bäume pflanzen:** Graben sie ein nicht zu kleines Loch für den Baum. Der Wurzelhals bei Obstbäumen sollte nicht mit eingegraben werden.

134. **Pflanzen sie Blumenzwiebeln** mindestens doppelt so tief, wie der Durchmesser ist. Gilt für Tulpen, Narzissen und Hyazinthen.

135. **Farne:** Mit Tee gießen, den sie nicht zu stark angesetzt haben, oder Teereste verdünnen.

136. Niemals bei strahlendem Sonnenschein den **Rasen gießen (sprengen).** Er wird dann sehr leicht verbrennen. Nutzen sie die Abendstunden. Das gleiche gilt für die Beete.

137. **Gras zwischen Wegplatten:** Bullriechsalz, etwa einen Esslöffel, auf einen Liter Wasser geben und zwischen die Wegplatten gießen. Das lästige Unkraut wächst auch nicht mehr nach.

138. **Unkrautvernichter:** Kochendes Salzwasser vernichtet Unkraut auf gepflasterten Wegen.

139. Sie sind stolzer Besitzer einer neuen **Vogeltränke ?** Legen sie eine bunte Murmel in die Tränke. Die Vögel werden dann angelockt.

140. Für ein anregendes **Zitronenbad** schneiden sie drei bis fünf Zitronen in Scheiben und geben sie in das Wasser. Dieses Bad beseitigt die Müdigkeit und ist gleichzeitig ein berühmtes Schönheitsmittel, das schon die Damen der Antike anwandten.

141. **Wer auf seine schlanke Linie achtet,** auf Sahne jedoch nicht verzichten möchte: Nur die Hälfte der Sahnemenge verwenden, steif schlagen und mit Eischnee auffüllen.

142. **Wechselduschen** härtet ab und ist ein ideales Immuntraining. Achten sie darauf, dass die Dusche immer von den äußeren Körperteilen zum Herzen geführt wird. Beginnen sie immer heiß und schließen sie nach zweimaligem Wechsel kalt ab (insgesamt ca. 5 Minuten warm, 8 – 15 Sekunden kalt). Wer den Tag mit einer Wechseldusche beginnt, fühlt sich fit und beugt Erkältungskrankheiten vor.

143. **Bei trockener Gesichtshaut** tränken sie ein Stück Leinentuch in warmes Wasser und bedecken sie mit ihr Gesicht. Abgenommen wird der Stoff erst nach dem Erkalten.

144. **Bei Muskelrheumatismus,** kalten Füßen und Bronchialerkrankung bei Kindern haben sich Senfbäder bewährt. Für ein Vollbad nehmen sie 150 bis 200 Gramm Senfmehl, das sie dem Badewasser zusetzen.

145. Bei der **Zubereitung ihres Essens** können sie etwas für ihre Gesundheit tun. Kurzes Garen mit wenig Fett oder Wasser ist nährstoffschonend, bei längerem Kochen werden wichtige Nährstoffe zerstört.

146. Der Körper braucht täglich 1,5 – 2 Liter **Flüssigkeit**. Am besten löschen sie ihren Durst mit Mineralwasser, einem Früchtetee, Gemüse- oder ungesüßten Obstsäften. Alkoholische Getränke sollten nur gelegentlich genossen werden, denn sie schaden eher, als dass sie nützen.

147. **Kreislaufanregend** wirkt ein Bad, dem sie 250 Gramm Ameisenspiritus zufügen. Zur allgemeinen Kräftigung empfiehlt sich außerdem ein heißes Essigbad, das sowohl die Hautzirkulation anregt als auch die Nerven beruhigt. Geben sie dafür rund einen Viertel Liter Essig in das heiße Badewasser.

148. Tragen sie ihre **Sonnenpflege** eine Stunde vor dem Sonnenbad auf und massieren sie sie gut ein. So erreichen sie einen zuverlässigen, wirksamen Schutz ..... Für sicheren Sonnen-Genuss !

149. **Bürsten sie ihr Haar** morgens und abends sorgfältig, um Staub, Rest von Styling-Produkten und Umweltverschmutzungen zu entfernen. Wichtig: Waschen sie jede Woche ihre Haarbürste mit etwas Shampoo aus.

150. Damit das **Haar locker und seidiger** aussieht, verwenden sie beim letzten Ausspülen kaltes Wasser.

151. Durch die regelmäßige **Versorgung mit Aufbaustoffen** erlangt die beanspruchte **Haut** wieder Geschmeidigkeit und Ausstrahlung. <u>Tipp:</u> Trinken sie reichlich Wasser

und schützen sie ihre Haut besonders während der ersten kalten Tage.

152. **Lipide sind Fette** des Hautschutzfilms, die eine schützende Funktion auf der Haut ausüben und für ihr Gleichgewicht verantwortlich sind.

153. Allergene im Getreide werden durch die Hitze unwirksam gemacht. **Getreideallergiker** müssen lediglich auf unerhitztes Getreide – also z. B. Keimlinge oder geschrotetes Korn und Frischkornmüsli – verzichten.

154. Artischockensaft oder – tabletten (hochdosiert rezeptfrei in der Apotheke) helfen schnell, wenn **die Galle** Kummer macht. Ebenfalls bewährt: Bitterklee- und Bei fußtee.

155. Brombeerblätter, getrocknet gekaut, vertreiben **Sodbrennen.**

156. Chili, Senf, Meerrettich – scharfe Gewürze aktivieren die **Magensaftbildung.**

157. Dill, Beifuss, Oregano, Kerbel, Estragon – diese Kräuter helfen, fette Gerichte **schneller zu verdauen.**

158. Essigwasser-Umschläge, heiß auf den Bauch gelegt, machen **Blähungen** den Garaus.

159. Fencheltee regeneriert die durch Alkohol gereizte **Magenschleimhaut.**

160. Heidelbeer-Extrakt oder Sauerampfertee sind wirksame Mittel, wenn sich **Montezumas Rache** ankündigt.

161. Kartoffeln, als Saft getrunken oder roh gegessen, verhindern **saures Aufstoßen.**

162. Lindenholzkohle, pulverisiert eingenommen, lässt **Völlegefühl** verschwinden.

163. Sauerkraut ist ein mildes Mittel, wenn es mit der **Verdauung** nicht so recht klappen will.

164. Tausendgüldenkrauttee, 1 Tasse vor der Mahlzeit getrunken, macht einen **müden Magen** wieder munter.

165. Zwiebel (1 feingehackt), Knoblauch (3 Zehen zerhackt) und Sauerkraut (2 EL) besänftigen den **rebellierenden Magen.**

166. **Alkohol** nur in Maßen genießen. Zuviel davon reizt die Magenschleimhaut, die durchs Essen ohnehin schon belastet ist.

167. Zwischen den Mittagsgängen kleine Pausen einlegen. Fördert die **Bekömmlichkeit** des Festmahls.

168. Nach dem Essen 20 Minuten auf der **rechten Seite ruhen** (sorgt für eine schnellere

Magenentleerung), erst dann die berühmten „tausend Schritte tun."

169. **Blähungen:** Fencheltee, Melissenextrakt.

170. **Bauchschmerzen:** Wärmflasche, Heizkissen, feuchtheiße Kompresse.

171. **Beule:** Breite Messerklinge aufdrücken, kalter Umschlag, Eiswürfel.

172. **Bronchitis:** Brustwickel; Holunder-, Huflattich-, Spitzwegerich-Tee; Einreibung (Brust, Hals, Rücken) mit Thymianöl; Königskerze (Tee).

173. **Durchfall:** Teepause; 24 Stunden nur trinken – Kamillentee, Pfefferminztee, Heidelbeersaft, Heilerde, geriebener Apfel, Banane.

174. Es ist meistens unsinnig, **Vitamin-E-Präparate** zu nehmen, die zur Steigerung von Leistungsfähigkeit und Potenz angeboten werden. Das Vitamin ist in der normalen Nahrung ausreichend enthalten. Eine Überdosierung führt zu Schwindel, Muskelschwäche, Kopfschmerzen und Erschöpfung.

175. **Augen:** Mittlerweile gibt es mit einer Gelmasse gefüllte Augenbinden, die eine gute, beruhigende Wirkung für die Augen und den Kopf erzielen. Rizinusöl, geruchlos (Apotheker fragen !) ist ebenso ideal zum Einreiben um die Augen vor dem Schlafengehen.

176. **Brennnesseln:** Diese oft schmerzhafte Berührung mit Fett einstreichen. Die Schwellung geht dann zurück. Brennnesselsud aus einem Pfund Brennnesseln und einem halben Liter Wasser ist ideal für die Haare. Den Sud also kochen und nach dem Erkalten in die Kopfhaut einmassieren. Soll auch bei Haarausfall helfen.

177. Ein Dampfbad vor der eigentlichen **Gesichtsmaske** ist wesentlich wirkungsvoller. Kurzum heißes Wasser in eine Schüssel geben und vorsichtig das Gesicht für kurze Zeit darüber halten. Mit Frottee-Tuch abreiben.

178. **Gurkenmaske:** Besonders bei geröteten Augen oder schlecht durchbluteter Haut helfen Gurkenscheiben, die sie gleichmäßig verteilt auf das Gesicht legen und etwa 5 bis 10 Minuten einwirken lassen.

179. **Haare:** Sollten sie strahlende, glänzende Haare haben wollen, so waschen sie sie mit einer Mischung aus Zitronensaft und Wasser. Pfefferminztee bei fettigem Haar.

180. Zucker und Babyöl vermischt und die **Hände** gut gerieben, anschließend mit Seife waschen und die Hände werden samtweich. Zitronensaft reinigt verfärbte Hände (z. B. Obstflecken).

181. **Insektenstiche:** Schneiden sie eine Zwiebel durch und reiben sie den Saft auf den Insektenstich. Zitronenscheiben haben einen ebenso guten Effekt.

182. Zitronensaft (ein Spritzer) in starkem Kaffee vertreibt den **Kopfschmerz.** Es geht

also auch ohne Tabletten. Probieren sie es aus .....!

183. Sollten sie **spröde Lippen** haben, so bürsten sie nicht nur die Zähne mit der Zahnbürste, sondern auch ihre Lippen. Eine weiche Zahnbürste ist Vorraussetzung. Danach mit einer Fettcreme oder Fettstift einreiben.

184. Um Make-up länger frisch halten zu können, betupfen sie ihr Gesicht vor dem Auftrag mit einem Wattebausch, auf dem sie Mineralwasser geträufelt haben. Wollen sie Make-up entfernen, benutzen sie normales Pflanzenfett.

185. Franzbranntwein und vorher ein heißes Bad, machen den **Muskelkater** zum Muskelkätzchen.

186. Nährcreme: Jeweils zwei Esslöffel Öl und Honig und zwei Eigelb miteinander verrühren. Etwa 20 Minuten auf dem Gesicht einwirken lassen. Eine herrliche Maske.

187. Nasenbluten: Ein feuchtes, kaltes Tuch in den Nacken und den Kopf nach hinten legen.

188. Richten sie sich ein nettes **Schaumbad** selbst her. Sie brauchen dazu nur ein wenig Shampoo und eine Tasse Salatöl. Um einen Duft zu erzielen, mischen sie noch Parfüm dazu.

189. Schluckauf: Trinken sie Eiswasser in kleinen, aufeinanderfolgenden Schlucke.

190. Schuppen: Verquirlen sie ein Eigelb und lassen sie es auf der Kopfhaut einwirken. Wöchentlich wiederholen. Die Schuppen werden verschwinden.

191. Sodbrennen: Kamillentee trinken. Ebenso soll ein geriebener Apfel helfen.

192. Sonnenbrand: Mit saurer Milch die Haut einreiben. Auch Zitronensaft hilft.

193. Mit reichlich Wasser eingenommen, wirken **Tabletten** umso schneller.

194. Verbrennungen: Sehr lange unter kaltes, fließendes Wasser halten. Bei großen Verbrennungen natürlich im Zweifelsfall unbedingt den Arzt aufsuchen.

195. Zähneputzen: Drücken sie die Zahnbürste in eine Erdbeere, um Belag von den Zähnen zu entfernen.

196. Gutes Aussehen erlangt man, wenn man morgens Gymnastik treibt.

197. Schlaf ist ein ausgezeichnetes Schönheitsmittel, denn er stärkt alle körperlichen Funktionen.

198. Ein zuverlässiger Schlafvermittler ist der rohe Saft von 1 – 2 Zwiebeln. Man sollte ihn jeden Abend trinken.

199. Äpfel spät abends gegessen **fördern das Einschlafen.**

200. **Gegen Schlaflosigkeit** hilft lauwarmer Kamillentee, in dem man einige Tropfen Baldrian gegossen hat.

201. **Gegen Schlaflosigkeit** nehme man von Zeit zu Zeit ein Kiefernnadelbad. Gut ist auch schwarzer Baldriantee oder ein kurzer Spaziergang vor dem Zubettbegehen.

202. **Schlafdauer:** Erwachsene täglich mindestens   8 Stunden
Schulkinder täglich mindestens 10 – 12 Stunden
Säuglinge   täglich mindestens   18 Stunden.

203. **Warme Fußbäder** haben großen Wert als Schlafmittel.

204. **Gegen schlechtes Einschlafen** mache man im Bett liegend Atemübungen.

205. **Schlaflosigkeit bei Kindern** behebt man durch kalte Umschläge auf die Waden. Die Wickel sind ganz unschädlich, verursachen nie eine Erkältung.

206. Möglichste Meidung von Federbetten ist allen zu empfehlen, die an **Schlaflosigkeit** leiden.

207. **Alpdrücken** kommt nicht vor bei seitlicher Lage auf oder unter wollener Decke.

208. **Gegen Alpdrücken** trinke man vor dem Schlafengehen eine Tasse Tee aus 2 Löffeln Anissamen und morgens nüchtern Pfefferminztee.

209. **Einem Schnarcher** ist ein in kaltes Wasser getauchter Schwamm auf den Mund zu legen.

210. **Schnarchen hört auf,** wenn man dem Schnarchenden leicht den Kehlkopf berührt.

211. **Gegen Frühjahrsmüdigkeit** empfiehlt es sich, möglichst viel Sauerkraut in rohem Zustande zu genießen. Sehr gut ist auch eine Kur mit unvergorenen Obst- oder Traubensäften.

212. **Gesichtshaut, die zu Trockenheit neigt,** wird mit Hilfe einer selbstgemachten Honigcreme wieder zart und weich. Hierfür 20 g Bienenwachs (Apotheke) und 3 TL reinen Obstessig miteinander erhitzen, bis das Bienenwachs zerlaufen ist. Abkühlen lassen und mit einem Spatel auf Gesicht und Haut auftragen. Nach etwa einer Stunde mit lauwarmem Wasser gründlich abwaschen.

213. **Finger- und Zehennägel** nie nach dem Baden oder Duschen feilen. Durch die Feuchtigkeit weichen sie auf und reißen beim Feilen leichter ein. Der Nagelrand spaltet sich in viele kleine Risse und macht sie brüchig.

214. **Alkohol:** Es kann schon mal vorkommen, dass man ein Glas zuviel trinkt. Sie können die Übelkeit am nächsten Morgen vorbeugen, indem sie noch vor dem Schlafengehen

ein bis zwei Alka-Seltzer einnehmen. Dadurch wird der vom Alkohol aus dem Gleichgewicht gebrachte Mineralienhaushalt in ihrem Körper wiederhergestellt.

215. Langes Stehen auf hartem Boden macht die Füße müde. In einem **warmem Fußbad** aus Latschenkiefernöl und Kampfer oder Menthol entspannen sich die Muskeln und Bänder. Müde Füße werden so wieder munter.

216. Mit etwas Bier oder Hamameliswasser bekommt ihr **Haar natürlichen Halt.** Die Flüssigkeit wird einfach mit einem Wassersprüher im Haar verteilt. Der Biergeruch verfliegt, während das Haar trocknet. Sie können aber auch Gelatine oder Zucker in warmem Wasser auflösen. Dieser Mischung eignet sich ebenso zum Festigen der Haare.

217. Malven haben einen sehr hohen Gehalt an Mineral- und Schleimstoffen. Bei **Husten- und Erkrankungen der Schleimhäute** schaffen Tee, Inhalierflüssigkeit oder Kompressen aus Malve Linderung.

218. **Bei Verstopfung** sollten sie immer erst versuchen, die Darmträgheit auf natürliche Art und Weise anzuregen. Zum Beispiel mit regelmäßigen Spaziergängen, einem Glas lauwarmen Wasser morgens auf nüchternen Magen, Müsli mit Leinsamen; abführend wirkendem Mineralwasser, Glaubersalz oder etwas Rizinusöl.

219. Damit sie die nasskalte Jahreszeit ohne **Erkältung** überstehen, sollten sie ihren Körper entsprechend stärken. Lange Spaziergänge an frischer Luft und eine gute Versorgung mit Vitamin C helfen dabei. Hervorragende Vitamin-C-Lieferanten sind alle Zitrusfrüchte, Johannisbeersaft und Sauerkraut. Sie können aber auch zu dem in jeder Apotheke erhältlichen Vitamin-C-Konzentrat in Pulverform greifen.

220. Rund zehn Prozent der deutschen Bevölkerung leidet an einem Kropf, der aufgrund von **Jodmangel** entsteht. Wenn sie regelmäßig, mindestens einmal wöchentlich, Fisch essen und beim Kochen jodiziertes Salz verwenden, können sie Jodmangel vorbeugen.

221. Ist ihr **Haar spröde** und hat seinen Glanz verloren ? Dann massieren sie vor dem Schlafengehen ein paar Tropfen Rizinusöl in die Haare und wickeln anschließend ein Handtuch um den Kopf. Das Öl über Nacht einwirken lassen. Am Morgen die Haare wie gewohnt waschen.

222. Mit einer selbstgemachten Apfelweinmolke lässt sich **Husten lindern.** Hierfür Apfelwein, Wasser und Milch zu jeweils gleichen Teilen langsam erhitzen. Nicht kochen. Das Gemisch durch ein sauberes Leinentuch seihen. Anschließend noch warm, in kleinen Schlucken trinken.

223. Ein Bad aus Rosenblüten hat eine **erfrischende und belebende Wirkung auf den ganzen Körper.** Zum Ansetzen der Bade-Essenz benötigen sie 5 EL getrocknete Rosenblätter und ¼ Liter reinen Obstessig. Das Ganze geben sie in ein luftdicht verschlossenes Glas und lassen es zwei Wochen an einem kühlen, dunklen Ort ziehen. Danach die Rosenblütenblätter abseihen.

224. **Eine schöne Gesichtsfarbe erhält man,** wenn man das Gesicht öfter mit destilliertem Melisse-Wasser wäscht. Durch Spülen mit kühlem Wasser, dem man einige Tropfen Benzoetinktur zufügt, wird die Wirkung erhöht.

225. **Falten im Gesicht** beseitigt man, indem man die grünen Zapfen der Edeltanne kocht, die gewonnene Brühe durch ein Leinentuch seiht und sich mit dieser Abkochung vor dem Schlafengehen mit einem Aufguss das Gesicht wäscht.

226. **Gegen Falten im Gesicht** halte man täglich mindestens einmal das Gesicht nahe über eine Schüssel mit kochendem Wasser.

227. **Gegen Falten und Runzeln im Gesicht** massiere man die Gesichtshaut abends nach dem Waschen leicht durch.

228. **Starke Rötungen im Gesicht** behebt man, wenn man das Gesicht in verdünnter essigsaurer Tonerde badet und gut nachspült.

229. **Personen mit roten Nasen** sollen wenig Fleisch, aber viel Gemüse und noch mehr Obst essen, und alle, namentlich ausländische Gewürze, vermeiden.

230. **Gegen Nasenglänzen** pudert man die Nase über Nacht mit Mandelkleie ein, die man morgens mit lauwarmem Essigwasser abtupft.

231. **Nasenröte** kann man nach und nach beseitigen, wenn man die Nase von Zeit zu Zeit mit einem in Benzin getränktem Wattebausch abreibt.

232. **Gegen gerötete oder gebräunte Haut** wasche man mit kuhwarmer Milch und mache eine Kompresse mit Molke. Dann mit abgekochtem, wieder erkaltetem Wasser waschen und abends mit 1 : 5 verdünntem Glyzerin einreiben.

233. **Gesichtsöle** soll man nur nachts benutzen, da sie einige Zeit brauchen, ehe sie eingetrocknet sind.

234. **Trockene Haut** darf man nicht pudern. Man verwende lieber eine gute Mattcreme.

235. **Fettige Gesichtshaut** pudert man abends mit Mandelkleie und wäscht diese am nächsten Morgen mit lauwarmem Essigwasser wieder ab.

236. **Harte Haut** weicht man in heißen, mit wenig Pottasche versehenen Bädern auf und reibt sie mit gutem Hautöl ein.

237. **Weiche, geschmeidige Haut** erhält man, wenn man die Haut öfter mit Wasser befeuchtet, dem man einige Tropfen Benzoetinktur beifügt und von selbst trocknen lässt.

238. **Reine Haut** erzielt man, wenn man geschälte Rosskastanien reibt und dem Waschwasser zusetzt.

239. **Reinen Teint** erzielt man durch mehrmaligem Einreiben mit Zitronenschale.

240. **Reinen Teint** erhält man, wenn man morgens nüchtern eine Tasse kalten Nussbaumblättertee trinkt, durch den die Hautunreinheiten verschwinden.

241. **Großporigen Teint** wasche man mit heißer Milch.

242. **Mitesser bekämpft man,** indem man sie mit einer Lösung von gleichen Teilen Pepsin und Borax in Wasser löst, bestreicht.

243. **Gegen Sommersprossen** 10 Gramm Borax in 150 Gramm Rosenwasser.

244. Der Saft von unreifen Johannisbeeren mit Schwefelblüte zu dünnem Brei gemacht und damit die **Sommersprossen** abends belegt, hilft in der Regel.

245. **Sommersprossen** können mit folgender Lösung unsichtbar gemacht werden: Der Saft einer Zitrone wird mit einem Löffel Kölnisch Wasser, einem Teelöffel Salz und 1 ¼ Eiweiß vermischt. Dieses Mittel wird abends auf die betreffenden Stellen gestrichen.

246. **Sommersprossen** kann man beseitigen, wenn man sie regelmäßig vor dem Schlafengehen mit Zitronensaft abreibt. Sie verschwinden allmählich ganz.

247. Kurzgeschnittener Meerrettich mit starkem Essig angesetzt und 14 Tage in die Sonne gestellt, ist ein gutes Einreibemittel gegen **Leberflecke.**

248. **Grinde aller Art** beseitigen heiße Wasserdämpfe, wenn mehrmals angewandt.

249. Klettenwurzeltee hat sich bei **Flecken aller Art** sehr gut bewährt.

250. **Bei Bartflechte** nicht zum Friseur gehen, sondern zum Arzt.

251. **Die sogenannte Bartflechte** wird beseitigt, wenn man drei Nächte hintereinander ein dickgestrichenes Schmierseifenpflaster auflegt.

252. **Bei Bartflechte** täglich mehrmals recht heiße Wasserdämpfe einwirken lassen.

253. **Bei Hautausschlag aller Art** meide man möglichst Schweinefett, Gänsefett, starken Kaffee und Spirituosen.

254. **Bei allen Hautausschlägen** trinke man täglich bis zu 3 Tassen Stiefmütterchentee.

255. **Bei Hautausschlag** wirkt Waschen mit Teerseife heilend.

256. **Die Haut schützt man gegen Kälte** durch Einreiben mit Glyzerin.

257. **Bei spröder Haut** setzt man dem Waschwasser etwas Milch zu.

258. **Bei spröder, rissiger Haut** Waschungen mit Honigwasser = 1 – 2 EL auf 1 Liter Wasser.

259. **Aufgesprungene Lippen** bestreicht man mit Sahne oder ungesalzener Butter.

260. Das Bekleben der **aufgesprungenen Stellen der Haut** mit dem Häutchen der Eier ist nützlich.

261. **Aufgesprungene Hände** behandelt man, indem man sie täglich einige Male mit einer Mischung aus Glyzerin und Zitronensaft abwäscht, die man gut in die Haut einziehen lässt.

262. **Raue Hände** soll man öfter mit Boraxwasser waschen. Man kann sie auch mit Olivenöl einreiben.

263. **Rote Hände** entstehen durch starken Temperaturwechsel. Hände gut abtrocknen und nicht von kaltem in heißes Wasser stecken.

264. **Rote Hände** werden weiß, wenn man sie oft mit Brei von mehligen Kartoffeln reibt.

265. **Weiße, gepflegte Hände** erhält man, wenn man die Hände abends mit Glyzerin einreibt und für die Nacht Waschlederhandschuhe überzieht.

266. **Wunde Hände:** Einreiben der Hände mit einer schwachen Schellacklösung in Spiritus einige Tage vor der Wäsche verhindert ein Wundwerden derselben.

267. Waschungen mit Kampferspiritus sind gut gegen **schweißige Hände.**

268. **Schweißige Hände** wäscht man in lauwarmem Wasser, dem man einige Körnchen Alaun zusetzt. Seife darf nicht benutzt werden.

269. **Schwielige Hände** werden geschmeidig durch Waschen mit rauer Bimssteinseife. Nach dem Waschen eincremen.

270. **Warzen an den Händen** werden beseitigt durch öfteres Waschen in heißem Eichenrindenabsud.

271. **Warzen,** tagsüber mit Zwiebelsaft betupft und nachts mit feingehackten Zwiebeln belegt, verschwinden.

272. **Warzen verschwinden,** wenn man sie abkratzt und mit Petersiliensaft betupft.

273. **Warzen entfernt man,** indem man eine große Zwiebel einige Stunden in Wasser legt und öfter am Tage eine dicke Scheibe davon auf die Warze legt, bis diese erweicht ist, so dass man sie mühelos entfernen kann.

274. **Warzen verschwinden** durch Betupfen mit Essigsäure.

275. **Schlechter Geruch an den Händen** verschwindet durch Spülen mit übermangansaurem Kali.

276. **Unangenehmer Zwiebel- und Fischgeruch an den Händen** wird schnell beseitigt, wenn man die Hände mit feuchtem Salz abreibt.

277. **Unsaubere Hände** vom Walnuss-, Kartoffel- oder Apfelschälen reinigt man durch Abreiben mit saurem Obst, Essig oder Zitronensaft.

278. **Hände werden beim Waschen nicht wund,** wenn man sie tags zuvor mit einer Mischung von Glyzerin, Alkohol und Arnikatinktur einreibt.

279. **Brüchige Fingernägel** reibe man öfter mit Olivenöl ein.

280. **Gelackte Fingernägel** wirken unfein, wenn der Lack bricht; darum ist es besser, wenn man die Fingernägel poliert.

281. **Fingernägel** fülle man vor Inangriffnahme schmutziger Arbeit mit Seife. Sie verhindert, dass der Schmutz unter die Fingernägel kommt.

282. **Um die Hände** bei der Gartenarbeit **zu schonen,** reibe man sie vorher mit Glyzerin ein.

283. **Fleckigwerden der Hände,** besonders in der Einmachzeit, wird vermieden, wenn man die Hände vor Aufnahme der Arbeit mit Essig einreibt und wieder trocken werden lässt. Sie nehmen dann keine Farbe an.

284. **Haare** bekommen ein schönen Glanz, wenn man sie in Regenwasser wäscht.

285. **Haare werden schön glänzend,** wenn man dem Spülwasser etwas Essig oder Zitronensaft beifügt.

286. **Trockenes Haar** soll man nicht zu oft waschen. Um Brechen zu vermeiden, soll man es auch wenig der Sonne aussetzen.

287. **Lange Haare** kann man nach dem Waschen besser entwirren, wenn man dem letztem Spülwasser etwas Weinessig zufügt.

288. **Das Haar bleibt länger duftig und lose,** wenn man nach dem Waschen Eiweiß zu Schaum schlägt und etwas davon in die Haare gibt.

289. **Haarausfall** wirkt man entgegen durch Reinhaltung der Kopfhaut.

290. **Haarfärbung:** Haare von Säuglingen, welche unerwünscht rot zu werden scheinen, kann man färben, indem man den Kopf häufig mit dicker Milch wäscht. Die Haare werden und bleiben dann gelbblond.

291. **Gegen Haarausfall** sind Waschungen mit frischem Wasser mit Franzbranntwein

und Vermeidung scharfer Kämme sehr nützlich.

292. **<u>Ein gutes Mittel gegen Haarausfall:</u>** Man zerschneide eine große Zwiebel, vermische sie mit 100 g Franzbranntwein und lasse das Ganze 14 Tage ziehen. Dann siebe man es durch, verdünne es mit 2 Teilen Wasser und schütte beliebig viel Parfüm zu. Mit dieser Mischung die Kopfhaut wiederholt einreiben.

293. **<u>Haarausfall</u>** bekämpft man durch tägliches Einreiben der Kopfhaut mit: 60 g gereinigte Klettenwurzeln mit 2 Liter Wasser zur Hälfte einkochen, durchsieben, ¼ Liter Franzbranntwein zugeben und die Flüssigkeit in einer gut zugekorkten Flasche aufheben.

294. **<u>Gegen Schuppen</u>** reibe man die Kopfhaut wöchentlich einmal mit Eigelb ein. Nach kurzem Eintrocknen wasche man mit lauwarmem Wasser ab.

295. **<u>Bei Kopfschuppen</u>** wasche man den Kopf mit Boraxwasser und spüle gut nach.

296. Das einfachste Mittel gegen **<u>Kopfschuppen</u>** sind Waschungen mit Sodawasser und Einreiben mit gutem Haaröl.

297. **<u>Wimpern und Augenbrauen</u>** hält man glänzend und geschmeidig, wenn man sie täglich mit etwas Rizinusöl einreibt.

298. **<u>Kopfschmerzen:</u>** Ist der Schmerz in der Stirn sehr heftig und von Fieber begleitet, ist ein Arzt nötig.

299. **<u>Kopfschmerzen:</u>** Druck in der Stirn, unmittelbar über den Augen, bei Schwindel und Appetitlosigkeit, deutet auf verdorbenen Magen hin. Eine Hungerkur ist ein gutes Mittel dagegen.

300. **<u>Bei einseitigem Kopfschmerz</u>** sind öftere Waschungen des Hinterkopfes mit Spiritus zu empfehlen.

301. **<u>Heftiger einseitiger Kopfschmerz</u>** infolge hochgradiger Nervosität wird durch Ruhe, Stille und Dunkelheit gebessert.

302. **<u>Bei nervösen Kopfschmerzen</u>** hilft in den meisten Fällen eine Tasse schwarzer Kaffee, in die man eine Zitrone ausdrückt.

303. **<u>Frühjahrsmüde ?</u>** Viele frische Kräuter sorgen für den Vitaminstoß, der dem Treibhausgemüse jetzt noch fehlt.

304. Für das **<u>körperliche Wohlbefinden</u>** ist das Aussehen sehr wichtig. Nach langer Nacht sind oft geschwollene Augen eine ungeliebte Begleiterscheinung. Legen sie dagegen entweder warme Kamillenbeutel auf die geschlossenen Augen oder sie rücken der Schwellung mit einer Eismaske, die es speziell für die Augenpartie zu kaufen gibt, zu Leibe. Ein altes Hausmittel, das ebenso einfach und wirkungsvoll ist: Legen sie am Vorabend einige Esslöffel in den Kühlschrank – die gewölbte

Seite auf die strapazierten Augen gelegt, bewirkt kleine Wunder.

305. Neben dem guten alten **Katerfrühstück** aus Rollmops sind auch saure Gurken, Silberzwiebeln und Mixed Pickles genau richtig. Diese Gemüse sind reich an Vitaminen und Mineralstoffen und bringen so den Körperhaushalt wieder auf Vordermann. Und eines sollten sie den ganzen Tag über nicht vergessen: Trinken, trinken, trinken. Fruchtsäfte sind aufgrund ihrer Vitaminzusammensetzung ideal, doch nach dem ersten Glas tun es auch Tees oder Mineralwasser, das den Körper mit lebenswichtigen Mineralstoffen versorgt.

306. **Nervösen Kopfschmerz** beseitigt man durch Einreiben der betreffenden Stelle mit erwärmtem Franzbranntwein.

307. Auch Hände, Arme und Gesicht mit kaltem Wasser waschen und nachhaltiges energisches Trockenreiben hilft gegen **Kopfschmerzen** sehr gut.

308. **Kopfschmerzen** lassen sich beseitigen durch Kneten der oberhalb des Genicks befindlichen Muskeln.

309. **Gegen Kopfschmerzen** bestreiche man die Stirn mit einer halbierten Zitrone.

310. **Gegen Kopfschmerz** hilft oft ein Teelöffel Salz auf ein Glas Wasser.

311. **Kopfschmerzen vertreibt man,** wenn man lange, frischgeschälte Gurkenschalen mit noch dranhängenden Kernen auf Stirn und Schläfen legt.

312. **Bei Migräne** bewährt sich Baldrian- oder Schafgarbentee.

313. **Ohrenschmerzen** werden sehr gelindert durch Holunderblüten- oder Kamillenteedämpfe, auch durch Auflegen von Leinsamen.

314. **Kleinere Fremdkörper im Ohr** entfernt man durch vorsichtiges Einträufeln von körperwarmem Speiseöl.

315. **Gehörleiden** niemals leicht nehmen, sondern einen Facharzt zu Rate ziehen.

316. **Zur Unterstützung der Sehkraft** befeuchte man die Augenlider und Schläfen täglich mehrmals mit kaltem Wasser.

317. **Ein gutes Augenwasser** ist fast kaltes Wasser, in dem man etwas Salz löst.

318. **Kalk im Auge** wäscht man mit Zuckerwasser aus.

319. **Staub in den Augen** entfernt man, indem man die Wimpern des oberen Lides anfasst und über das untere zieht. Man bade die Augen auch in kaltem Wasser.

320. **Ein Fremdkörper im Auge** wird entfernt, wenn man die Augen in ein Gefäß mit warmem Wasser hält und dabei die Augen mehrmals öffnet und schließt.

321. **Die Heilung des Gerstenkorns** wird beschleunigt durch häufige Warmwasserwaschungen.

322. **Borken auf Augenlidern** dürfen niemals abgerieben , sondern müssen mit warmem Wasser aufgeweicht werden. Ein Bestreichen mit Honig verhindert die Borkenbildung.

323. **Nasenbluten stillt man,** indem man einen kalten Gegenstand in den Nacken legt und den Kopf zurücklegt. Kalte Umschläge auf Nacken und Stirn sind ebenfalls wirksam.

324. **Bei Nasenbluten** auf einen Stuhl hinsetzen, Kopf ein wenig nach hinten neigen und möglichst hoch halten.

325. **Bei Nasenbluten:** Öffnen aller beengenden Kleidungsstücke am Hals, das blutende Nasenloch fest zudrücken und durch das offene, nicht blutende Nasenloch ruhig durchatmen. Schnäuzen vermeiden und kein Wasser oder andere Flüssigkeiten durch die Nase hochziehen.

326. Bei anhaltendem und starkem sowie häufig sich **wiederholendem Nasenbluten** muss der Arzt aufgesucht werden, um die Ursache zu klären.

327. **Bei nahendem Schnupfen** parfümiere man seine Taschentücher mit Kölnisch Wasser oder starkem Eukayptusöl.

328. **Als Vorbeugemittel gegen Schnupfen** gurgelt man ein Glas Wasser mit einem Tropfen Jodtinktur.

329. **Um den Verlauf des Schnupfens** zu beschleunigen, möglichst flüsige Nahrung vermeiden.

330. **Gegen Schnupfen** Zitronensaft oder Salzwasser in die hohle Hand gießen und mit der Nase täglich 2 – 3 mal aufsaugen.

331. **Bei Schnupfen** hat sich Aufsaugen frischer Milch mit der Nase bewährt.

332. **Bei Erkältung** bewährt sich Holunderblütentee (im Volksmund Fliedertee genannt), dem man den Saft einer Zitrone beigibt und möglichst heiß trinkt.

333. **Ein gutes Vorbeugemittel gegen Grippe** ist Schafgarbentee mit einer kleinen Beigabe von Fenchelkörnern. Den Tee setzt man kalt an, lässt ihn längere Zeit kochen und trinkt täglich etwa drei mal davon.

334. **Gegen Grippe schützt man sich,** indem man in nüchternem Zustand möglichst viele rohe Äpfel isst.

335. **Schwitzbäder** sind ein gutes Vorbeugemittel gegen allerlei Krankheiten, besonders Erkältungskrankheiten. Sie dienen auch zur Unterstützung der Schönheitspflege.

336. Ein schweißtreibendes Mittel ist Tee aus Linden- und Holunderblättern.

337. Gegen Husten trinke man Tee von frischen Brennnesseln. Täglich etwa 3 mal eine Tasse voll.

338. Die Heftigkeit des Hustens wird gemindert, wenn man ein mit Kampfer eingeriebenes Stück Flanell auf die Brust legt.

339. Warmes Zuckerwasser mit Eidotter vermischt, mildert den **Hustenreiz.**

340. Cypressenöl im Zimmer zerstäubt und das Bettkissen geträufelt, lindert den **Hustenreiz** ganz ungemein.

341. Als Getränk während der **Hustenerkrankung** empfiehlt sich Huflattichblütentee mit Kandis.

342. Gegen Husten und Heiserkeit hat sich heißer Holunder- und Brombeersaft bestens bewährt.

343. Schwarz geschabter Rettich mit gepulvertem braunen Kandis gilt als ein vorzügliches Linderungsmittel bei **Keuchhusten.**

344. Ein schleimlösendes Mittel ist der Saft einer Zitrone und Bienenhonig.

345. Gegen Heiserkeit bei Kindern sind gebratene Äpfel, die man stark zuckert, ein sehr gutes Hausmittel.

346. Bei Heiserkeit nehme man Leinsamentee mit Honig. Möglichst heiß. Gut ist auch Gurgeln mit Glyzerin (1 TL in 1 Glas Wasser).

347. Bei Heiserkeit mit Husten nach Erkältungen ist die gut gekochte oder gebratene und um den Kehlkopf gebundene Zwiebel ein bewährtes Mittel.

348. Heringsmilch, nüchtern verschluckt, ist gut **gegen Heiserkeit.**

349. Eigelb und Zucker ist ein bewährtes Mittel **gegen Heiserkeit.**

350. Bei längerer Heiserkeit ist das Rauchen zu unterlassen.

351. Halsschmerzen lindert man, wenn man den Hals warm hält.

352. Bei Halsentzündungen gurgle man mit heißem Salzwasser.

353. Mandelentzündung behandelt man durch Gurgeln mit Salbeiblättertee.

354. Zahnschmerzen durch Erkältung: Nasse Einpackungen mit dichtem Wollverschluss.

355. **Zahnschmerzen** lassen sich durch heiße Umschläge vorübergehend lindern.

356. **Zahnschmerzen stillt man,** indem man einige Körnchen pulverisiertes Alaun in ein Stückchen Watte legt und in den schmerzenden Zahn steckt.

357. **Gegen nervöse Zahnschmerzen** trinke man Tee aus Linde, Löffelkraut und Liebstöckel.

358. **Gegen wundes und blutendes Zahnfleisch** ist der Saft der schwarzen Johannisbeere sehr gut. Bei starkem Zahnschmerz dabei Zahnarzt aufsuchen.

359. **Geschwollene Backen** halte man warm und mache heiße Kamillenaufschläge. Zahnarzt aufsuchen.

360. **Gesunde Zähne** sind für eine geregelte Verdauung von größter Bedeutung. Kranke Zähne sind oft eine gefährliche Krankheitsquelle für Magenleiden und Rheuma.

361. **Zähne werden schön weiß,** wenn man sie öfter mit Kalmus reibt. Auch das Essen frischer Pflaumen bekommt den Zähnen wie dem Körper gut.

362. **Zwischenräume zwischen Zähnen reinigt man,** indem man einen straffgespannten Seidenfaden, den man zwischen Zeigefinger und Daumen hält, hin und her bewegt.

363. **Gegen Sodbrennen** nehme man einen Teelöffel Schlämmkreide mit einem Schluck Wasser.

364. **Bei Sodbrennen** kaue man Brombeerblätter oder trinke Brombeerblättertee.

365. **Gegen Sodbrennen** hilft kohlensaures Natron. Auch Sauerkraut oder Salzwasser wendet man erfolgreich an.

366. **Gegen Sodbrennen** gebrannte Kaffeebohnen kauen und verschlucken.

367. **Beim sogenannten Schlucken** trinke man etwas kaltes Wasser oder Milch.

368. **Gegen Schlucken** nehme man einen Teelöffel gestoßenen Zucker in den Mund und schlucke den Zucker rasch hinunter. Evtl. wiederholen.

369. **Gegen Schlucken** Arme waagerecht heben und tief atmen.

370. **Bei Verschlucken** einfach beide Arme hochheben. Klopfen auf den Rücken zwischen den Schulterblättern, Oberkörper stark beugen. Auch Trinken von Essig wirksam.

371. **Verschluckt man eine Fischgräte,** sauge man sofort eine Zitrone aus. Durch die Zitronensäure löst sich die Gräte auf. Auch stärkere Gräten weichen durch die Säure auf und lassen sich leichter entfernen.

372. **Der üble Mundgeruch** nach dem Genuss von Zwiebeln verschwindet sofort, wenn man ein Glas frische Milch trinkt.

373. **Gutes Mundwasser** kann man sich herstellen, wenn man einen Teil Franzbranntwein oder Arnikatinktur mit 3 Teilen Wasser mischt.

374. **Übelriechender Atem** wird behoben, wenn man mit einer starken Abkochung von Zinnkraut den Mund spült.

375. **Richtiges Atmen,** besonders Tiefausatmen, ist zur Gesunderhaltung des Körpers unerlässlich. Man soll mit geschlossenem Munde durch die Nase atmen. Sie wärmt die kalte Luft vor dem Eintritt in die Lunge vor und hält Staub und Krankheitskeime zurück.

376. **Bei Kurzatmigkeit** zerstoße man ein halbes Liter Wacholderbeeren und destilliere sie in einem Liter Franzbranntwein in der Sonne. Davon trinke man mittags und abends einen Esslöffel voll.

377. **Bei großer Atemnot** mache man heiße Fußbäder.

378. **Herzstärkend** ist destilliertes Wasser von Melisse. Ferner zu empfehlen bei Herzklopfen und Schwindel.

379. **Bei Blutarmut** bewährt sich Tee aus Tormentillkraut (Blutwurz). Dieser Tee ist ferner anzuwenden bei Zahnschmerzen, Blutungen usw. und ist auch gut für die Augen.

380. **Bei Blutarmut** soll man viel Äpfel essen. Ebenso sind zu empfehlen Kirschen, Erdbeeren sowie alle grünen Salate, auch roher Spinat.

381. **Gegen Bleichsucht** trinke man Tee aus Lindenblütentee oder Enzian, den man mit Honig süßt.

382. **Gegen Fettsucht** trinke man täglich etwas reinen Apfelwein oder Tee aus Kümmel, Schafgarbe und Pfefferminz.

383. Wer lange leben und sich gesund erhalten will, muss durch recht **gutes Kauen** dem Verdauungsprozess möglichst vorarbeiten.

384. Ananas beschleunigen die **Verdauung** und sind appetitanregend.

385. Morgens ein Glas kaltes Wasser getrunken, wirkt anregend und appetitweckend.

386. **Appetitlosigkeit** beseitigt Tee aus Kümmel und Schafgarbe.

387. **Gegen Appetitlosigkeit** nehme man Myrrhe.

388. **Sogenannter Wolfshunger,** ein plötzlich auftretendes Hungergefühl, geht vor-

über, wenn man einige Stückchen Brot oder einige Haferflocken isst.

389. **Gegen Leibschmerzen** nehme man täglich 3 mal eine Tasse Kümmel- oder Pfefferminztee.

390. **Magenbeschwerden,** besonders nach reichlichen Mahlzeiten, lassen sich durch Trinken von etwas Wermuttee schnell beseitigen. Man kann dem Tee zur besseren Wirkung auch etwas Honig beifügen.

391. **Bei verdorbenem Magen** soll man unbedingt Fett, Alkohol und Zucker meiden. Zu empfehlen sind Schleimspeisen, ungezuckerter Tee und altes geröstetes Brot.

392. **Erbrechen** lässt sich verhindern, wenn man etwas Kamillentee trinkt und ein Senfpflaster auf die Magengegend legt.

393. **Bei Magenkrämpfen** legt man einen heißen Umschlag auf die Magengegend. Sehr schmerzlindernd sind auch Baldriantropfen.

394. **Bei Magenkrampf** ist Hagebuttentee ein gutes Mittel.

395. Baldrianwurzeltee recht warm genießen. **Bei Magenkrampf** durch Diätfehler Brausepulver; wenn durch Blähungen verursacht, reinen trockenen Zucker oder Pfefferminztee.

396. **Bei Magendrücken** trockene Haferflocken essen.

397. **Magenverschleimung:** Oft schluckweise frisches Wasser trinken.

398. **Magen- und Darmkatarrh:** Frische, kalte Kuhmilch. 1 Tasse Pfefferminztee vor dem Schlafengehen.

399. **Bei Katarrh und Durchfall:** Kakao mit Zwieback oder Schleimsuppe mit Ei. Bei zu starkem Durchfall ärztliche Hilfe.

400. **Bei Darmkrankheiten** sind Schleimsuppen, Milch- und Eispeisen zu empfehlen, die bei dieser Krankheit auch einer Abmagerung entgegenwirken.

401. **Bei Darmträgheit** ist Rettichsaft ein gutes Mittel. Man nimmt täglich 3 mal ½ Stunde vor den Mahlzeiten 1 Teelöffel voll in lauwarmem Wasser.

402. **Geregelter Stuhlgang** ergibt sich durch Essen von grobem Brot (Schrotbrot).

403. **Bei Darmträgheit** ist es sehr förderlich, wenn man morgens auf den nüchternen Magen 1 Tasse kaltes Wasser trinkt.

404. **Gegen Verstopfung** ist eine Feigenkur das beste Mittel. Man weicht die Feigen abends in 1 Glas Wasser ein und genießt die Früchte mit dem Wasser morgens nüchtern.

405. <u>Gutes Abführmittel</u> sind eingeweichte Backpflaumen.

406. <u>Durchfall:</u> Leib mittels Leibbinde warm halten, schwer verdauliche Speisen vermeiden. Rotwein, namentlich Heidelbeerwein, sowie Hafergrütze mit etwas Rotwein versetzt, sind bewährte Hausmittel.

407. <u>Gegen Durchfall</u> Schokolade oder Kakao oder Zimt essen.

408. <u>Gegen Durchfall</u> haben sich Heidelbeeren in jeder Form bewährt.

409. <u>Gegen Durchfall,</u> der katarrhsalischen Charakter hat, Rizinusöl nehmen, das in diesem Falle nicht treibt, sondern den Darm fettet.

410. <u>Gegen Leibschmerzen bei Kindern</u> gebe man öfter Tee aus Himbeerblättern. Auch bewährt hat sich Pfefferminztee.

411. <u>Gegen Blähungen</u> trinke man Tee aus Engelwurz und Fenchel.

412. <u>Gegen Wurmbeschwerden</u> trinke man Tee aus Schafgarbe, Faulbaum und Veilchenwurz. Gegen Unruhe macht man einen kühlen Leibumschlag.

413. Manche ernste Krankheit kann durch den Arzt aus dem <u>Urin</u> festgestellt werden.

414. <u>Der Urin</u> gesunder Menschen ist gelblich, dabei aber immer hell und klar, wird nur während der Verdauung etwas dunkler.

415. Je dunkelfarbiger, flockiger und undurchsichtiger der <u>Urin</u> ist, um so mehr ist ärztliche Hilfe nötig.

416. <u>Gegen Bettnässen</u> trinke man Johanniskraut und Schafgarbe.

417. Wer zu <u>Blasenkrämpfen</u> neigt, halte stets auf einen warmen Rücken acht.

418. <u>Gegen Blasenkatarrh</u> helfen einige Tropfen Kampferspiritus in Zucker.

419. Dampfbäder helfen gegen <u>Blasenkatarrh.</u>

420. Regelmäßiger Genuss von Apfelwein soll <u>Blasensteinbildung</u> verhüten.

421. Reichlich und anhaltend Selterswasser getrunken, daneben warme Bäder, vermögen <u>Blasensteine</u> zu erweichen und abzuführen.

422. Tee des Faulbaumsamens hilft <u>gegen Blasensteine.</u>

423. Gegen Katarrh und <u>Steinleiden</u> empfiehlt sich in Wein und Wasser gesottene Brombeerwurzel.

424. **Gallensteine** bekämpft man durch häufigeren Genuss von Melone; gut sind auch schwarzer Rettich oder Erdbeeren.

425. **Gallensteine** behandelt man mit Umschlägen von heißem Kamillen- oder Leinsamenbrei. Recht viel Wärme. Bei großen Schmerzen Arzt anrufen.

426. **Gegen Rückenschmerzen** reibe man Meerrettich, lege diesem auf ein Leinentuch, das man unter die Fußsohlen, auf die Waden, den Oberarm und den Nacken bringt und da so lange wirken lässt, bis sich ein Brennen einstellt.

427. **Gicht und Rheumatismus** bekämpft man durch Selleriesaft. Die Abkochung von zwei Knollen ergibt etwa die täglich zu genießende Menge.

428. **Gegen Rheumatismus** hilft das Auflegen von Säckchen mit recht warmem Salz.

429. **Rheumatismus** bekämpft man durch Einreiben mit Fichtenspiritus, den man sich auf folgende Weise selbst herstellt: Flasche zur Hälfte mit jungen Fichtentrieben füllen, mit Franzbranntwein füllen, verkorken und etwa zwei Wochen in die Sonne stellen.

430. **Gegen rheumatische Gelenkbeschwerden** reibt man die entsprechenden Stellen mit einer Mischung von Kampfer und Terpentinspiritus zu gleichen Teilen kräftig ein.

431. **Bei Hexenschuss** empfiehlt sich Auflegen von fein zerdrückten heißen Pellkartoffeln, nachdem man vorher den Körperteil mit sehr starkem Essigwasser abgerieben hat.

432. **Gegen Würmer** gebe man Kindern viel rohe Möhren.

433. Mit Senfspiritus befeuchtete Flanelltücher mildern den **Hexenschuss.**

434. Dampfbäder beseitigen **Hexenschuss.**

435. **Gegen den schmerzhaften Wadenkrampf** sind Kampferspiritus und Franzbranntwein bewährte Mittel.

436. **Wadenkrämpfe** sollen auf unter Wolldecken seltener vorkommen als in Federbetten.

437. **Bei Wadenkrampf** mit dem betroffenen Bein fest auftreten.

438. **Bei Wadenkrampf** Waschungen mit kaltem Wasser.

439. **Bei Wadenkrampf** fest gegen Fußende des Bettes treten, wobei die ganze Fußsohle aufgesetzt werden muss. Das Knie muss dabei völlig gestreckt werden.

440. **Bei schmerzenden Ballen an den Füßen** macht man Fußbäder unter Verwendung von Straßfurter Salz. Hohe Absätze meiden. Arzt befragen.

441. **Blasen an den Füßen** behandelt man, indem man nachts ein mit Alkohol getränktes Tuch auflegt, keinesfalls selbst aufstechen oder aufschneiden.

442. **Bei Wundlaufen oder Wundscheuern** wäscht man die wunden Partien täglich etwa zweimal mit Kamillentee oder Schafgarbe.

443. **Wunde Füße:** Rasche Heilung erzielt man durch ein dreimal täglich zu wiederholendes Wechselfußbad, dem man eine Handvoll Kochsalz zusetzt, danach abtrocknet und mit Vaseline einfetten. Schutzverband anlegen, weiche, wollene Strümpfe tragen, enges Schuhwerk vermeiden.

444. **Schweißfüße** kann man vertreiben, doch darf dies nur allmählich geschehen, da sonst andere Krankheiten entstehen.

445. Einfüllen frischer oder im Schatten getrockneter Eichen- oder Weidenblätter in die Schuhe beseitigt **Schweißfüße** ohne jeden Schaden.

446. **Schweißfüße** badet man öfter in einer Eichenrindeabkochung. Sehr zu empfehlen ist es, zwischen die Zehen etwas Watte zu tragen.

447. **Um kalte Füße und Arme** zu verhindern, reibe man die Glieder mit Kölnisch Wasser ab.

448. **Kalte Füße:** Wer viel Last damit hat, soll streng Diät leben, schwerverdauliche Speisen und Getränke meiden.

449. **Gegen kalte Füße** lege man Zeitungspapier in die Schuhe.

450. Umwickeln der Füße mit Zeitungspapier und darüber die Strümpfe gezogen, schützt vor Frost.

451. **Frostbeulen** reibe man mit Schnee ein. Die entsprechenden Glieder in Wollkleidung recht warm halten.

452. **Frostbeulen verschwinden,** wenn man sie mit einem in Petroleum getränkten Leinentuch bedeckt, den man mit einer Binde befestigt.

453. **Gegen Frostbeulen** hilft ein örtliches, 15 Minuten dauerndes Bad in einem grünen Fichtennadelabsud.

454. **Gegen Frostbeulen** badet man die betreffenden Gliedmaßen in einer Brühe, die man durch längeres Kochen von Tannenzweigen gewonnen hat. Dies ist einige Male zu wiederholen.

455. **Bei Frostbeulen** bade man die Füße abwechselnd in kaltem und heißem, mit Eichenrinde versehenem Wasser.

456. **Um den Frost aus den Füßen** zu ziehen, umwickle man abends die Füße mit Watte.

457. <u>**Um die Wiederkehr von Frost**</u> zu verhüten, setze man die Gliedmaßen allmählich der Wärme aus.

458. <u>**Hühneraugen**</u> kommen vom Druck zu engen oder nicht passenden Schuhwerkes her und sind deshalb leicht zu vermeiden.

459. <u>**Neigung zu Hühneraugen**</u> wird durch häufiges Baden in Aschelauge behoben.

460. <u>**Hühneraugen und Schwielen**</u> reibe man täglich mit Bimssteinseife ein.

461. Klar gehackte, 1 Stunde in scharfem Essig gelegene Zwiebeln aufgebunden und oft damit gewechselt, heben jedes <u>**Hühnerauge.**</u>

462. Man durchschneide eine große Rosine, entferne die Kerne, lege sie mit der Schnittseite auf das <u>**Hühnerauge**</u> und bringe eine Befestigung mittels dünner Leinenstreifen an. Wird die Rosine jeden Tag erneuert, kann man das Hühnerauge nach drei Tagen herausnehmen.

463. Täglich zu erneuernder Seifenbrei beseitigt nach drei Tagen das <u>**Hühnerauge.**</u>

464. Mit Wasser angefeuchtetes Weinsteinsalz bringt das <u>**Hühnerauge**</u> zum Verschwinden.

465. <u>**Bei Mandelentzündung**</u> halte man strenge Bettruhe und gurgle mit Salzwasser und Wasserstoffsuperoxyd.

466. <u>**Bei Mittelohrentzündung**</u> soll sofort der Arzt aufgesucht werden.

467. <u>**Bei Gelbsucht**</u> muss eine strenge Diät nach ärztlicher Anordnung eingehalten werden.

468. <u>**Jodmangel:**</u> Wer sich oft abgespannt und müde fühlt, hat vielleicht zu wenig Jod. Jodmangel lässt sich effektiv durch Jodsalz, Milch und Seefisch vorbeugen.

469. <u>**Vitamin C:**</u> Im Winter ist die Kartoffel die günstigste Vitamin C-Quelle. Wegen ihres hohen Kaliumgehaltes ist sie auch zur Entwässerung bei Herz- und Nierenerkrankungen geeignet. Kartoffeln gelten auch als Schon-, Schutz- und Heilkost bei Rheuma, Gastritis, Übergewicht und Nierenleiden.

470. **Absatzspuren** können sie mit Terpentin beseitigen. Ebenso kann ein Radiergummi bereits helfen, die meist schwarzen Streifen zu entfernen.

471. Politur, welche auch für Silber gedacht ist, hat eine gute Reinigungskraft und ist schonend für **Aluminiumfenster.**

472. **Alabaster** reinigen sie am besten mit Wasser und ein wenig Soda. Das Wasser sollte warm sein. Nach der Reinigung den Alabastergegenstand mit einem Leder nachputzen.

473. **Ameisen** sind nützliche Tiere. Dies vorab. Ameisenhügel, wie man sie im Garten findet, beseitigt man mit kochendem Wasser, welches man in die Öffnungen schüttet. Auf ein Stück Pappe etwas Honig geben. Die Ameisen bleiben daran kleben.

474. **Aschenbecher** riechen meist noch nach dem Reinigen und sollten daher mit einer Mischung aus Essig und Wasser (1:1) ausgespült werden.

475. **Annähen:** Wenn sie Schwierigkeiten haben, Druckknöpfe anzunähen, beginnen sie erst mit einem Druckknopf, den sie annähen und dann mit Kreide einstreichen. Durch Andrücken und ein wenig reiben, malt sich die Kreide auf der überliegenden Seite gut ab und das Gegenstück kann passend angenäht werden.

476. Bitte **Alufolie** nicht auf Anrichteplatten legen, die aus Metall bestehen, da durch chemische Verbindung die Speisen einen metallischen Geschmack erhalten können.

477. **Arbeitskleidung:** Eine Tasse Salmiakgeist in das Waschwasser und die Wäsche ist wieder top.

478. **Armaturen:** Essig auf ein Tuch geben und um den Wasserhahn legen. Die dort befindlichen Kalkreste lassen sich nach etwa 30 Minuten Einweichzeit leicht entfernen. Der Geruch verfliegt schnell. Zitronensaft hat eine ähnlich gute Wirkung. Spiritus auf ein Tuch geben und mit weichem Tuch nachpolieren, ist eine weitere Möglichkeit.

479. **Aufkleber entfernen:** Ein Föhn ist die ideale Lösung. Nicht zu nah, sondern immer unter Bewegung an den Gegenstand halten. Terpentin oder auch Reinigungsbenzin hilft bei Kleberesten.

480. **Aufbewahrung:** Waschmitteltrommeln, die einen dichten Deckel besitzen, sind ideal für Wäschestücke zum Aufbewahren über den Winter, da sie auch mottensicher sind und in feuchten Räumen trocken bleiben.

481. **Eine ideale Autowäsche** erzielt man durch Zugabe von einer Tasse Petroleum auf einen Eimer Wasser. Sie werden sehen, dass man sogar das Einwachsen des Autos sparen kann. Nach der Wagenwäsche bitte mit einem weichen Tuch nachwischen.

482. **Autotipps allgemein:** Um Windschutzscheiben wieder auf Hochglanz zu bringen, benutzen sie Soda. Auf einen Schwamm aufgetragen leicht einwischen und gut mit Wasser nachspülen. Öl auf ein Tuch geträufelt, entfernt Teerflecken. Mit Petroleum beseitigen sie Rostflecken von der Stoßstange oder auch mit Stahlwolle, die gut eingeseift sein

muss.

483. Baby: Legen sie eine Wärmflasche in das Bettchen, wenn sie ein Baby zum Füttern herausnehmen. Es wird dann anschließend schneller einschlafen, wenn das Bettchen die Temperatur hält. Statt eines Reisebettes kann man ebenso ein kleines Planschbecken aus Kunststoff verwenden, welches gut ausgefüttert wird.

484. Baby-Bad: Geschrei beim Haarwaschen ist out, wenn sie etwas Vaseline auf die Augenbrauen streichen, damit das Wasser seitlich ablaufen kann.

485. Wände streichen: Im Frühjahr ist neben dem üblichen Frühjahrsputz in vielen Haushalten auch ein Neuanstrich der Zimmerwände fällig. Beim Malen immer erst mit einem etwa 5 cm dicken Pinsel die Zimmerecken und Fensternischen streichen. Abschließend mit einem breiten Rollpinsel die großen Wandflächen und die Zimmerdecke gleichmäßig tünchen.

486. Motorölflecken auf Betonböden oder Pflastersteinen lassen sich gut mit Katzenstreu, feinen Sand oder Sägemehl binden. Nach ein paar Stunden Bindezeit aufkehren und entsorgen.

487. Naturschwämme: Seife und andere Badezusätze machen Naturschwämme im Laufe der Zeit unansehlich. Legen sie den Schwamm für etwa 24 Stunden in eine Salzlösung. Hierfür 250 Gramm Salz in einem Liter Wasser auflösen. Das befreit den Schwamm von Seifenresten.

488. Chrom schützen: Rohrzangen hinterlassen an Chromteilen oft hässliche Kratzer. Zum Schutz der empfindlichen Oberfläche legen sie um das zu öffnende Teil ein Baumwolltuch, bevor sie die Zange ansetzen.

489. Wände ausbessern: Dübel, die nicht mehr benötigt werden, können sie spielend leicht mit einem Korkenzieher aus der Wand drehen. Dübellöcher – wie auch andere Öffnunggen – verdichten sie am besten mit Gips. Beim Anrühren der Masse immer den Gips ins Wasser schütten und nicht umgekehrt, da er sonst klumpt. Soll Gips schnell anziehen, geben sie etwas Salz hinzu. Benötigen sie den angerührten Gips für Ausbesserungsarbeiten, die mehr Zeit in Anspruch nehmen, darf er nicht zu schnell hart werden. In diesem Fall geben sie etwas Essig zu.

490. Pinsel aus Naturhaar und Lammfellabroller sollten sie nach Gebrauch ordentlich mit Essigwasser reinigen. Dadurch bleiben sie schön weich und lassen sich immer wieder nutzen.

491. Leim- und Klebegerüche: Nach dem Gebrauch von Klebern können sie sich im Winter leider nicht durch stundenlanges Lüften von dem intensiven Geruch in der Wohnung befreien. Legen sie getrocknete Zitronen- und Apfelschalen auf die Heizung. Das schafft Abhilfe.

492. Kerzen befestigen: Wenn Kerzen zu schmal für den Halter sind, umwickeln sie die Enden einfach mit Alufolie. Wie viel Folie sie dabei benötigen, richtet sich nach dem

Leerraum, der aufzufüllen ist. Sind die Kerzen zu dick, tauchen sie die Enden kurz in kochendes Wasser und drücken sie sie dann in den Halter.

493. Beim Ostereierfärben können sie auch natürliche Färbemittel verwenden. Rot werden die Eier in Saft von roten Rüben mit einem Schuss Essig. In einem Sud aus Zwiebelschalen nehmen sie eine gelbe Farbe an, und eingeweichte Rotkohlblätter färben Eier blau.

494. Keramik nicht scheuern: Waschbecken und Badewannen aus Keramik nur mit milden Putzmitteln reinigen. Scheuermittel rauen die glatte Oberfläche an und machen sie somit nur aufnahmefähiger für neuen Schmutz. Mit der Zeit werden die Keramikteile matt und verlieren ihren Glanz.

495. Glaskaraffen reinigen: Mit der Zeit werden Glaskaraffen trübe. Füllen sie die Karaffe mit Essigwasser und geben sie ein paar rohe Kartoffelstücken dazu. Kurz einwirken lassen und gründlich ausspülen. Anschließend sorgfältig abtrocknen. Die Glaskaraffe wird wieder schön glänzend.

496. Pakete verschnüren: Machen sie die Paketschnur vor dem Verschnüren nass. Während die Schnur trocknet, zieht sich zusammen. Knoten und Schnur werden dadurch straffer und halten besser.

497. Richtig lüften: Viel Sauerstoff ist für unseren Organismus wichtig. Lassen sie regelmäßig frische Luft in ihre vier Wände. Lüften sie in den kalten Monaten lieber kurz und heftig, als stundenlang das Fenster gekippt zu haben. Drehen sie die Heizkörper ab und öffnen sie die Fenster ganz weit. Schon nach kurzer Zeit spüren sie die Wohltat der frischen Luft. Fenster schließen und die Heizkörper wieder aufdrehen. Übrigens: frische Luft erwärmt sich schneller als alte verbrauchte.

498. Gesunde Raumluft: Im Winter ist die Raumluft, bedingt durch die Zentralheizung, viel trockner als im Sommer. Für Atmungsorgane, Augen und Haut ist eine gewisse Luftfeuchtigkeit aber sehr wichtig. Elektrische Wasserverdunster oder Wasserbehälter, die sich direkt am Heizkörper befinden und feuchte Tücher, die sie über den Heizkörper hängen, verbessern das Raumklima.

499. Ihr **Weihnachtsbaum** behält seine Nadeln länger, wenn sie ihn nach dem Kauf sofort in einem mit Wasser gefüllten Eimer stellen. Für diese Zeit in der Wohnung wird der Baum in einem speziellen, mit Wasser füllbaren Ständer gefestigt.

500. Kaffeemaschinen entkalken: Wenn sich die Kaffeemaschine mit gurgelnden Geräuschen und aufsteigendem Dampf bemerkbar macht, ist es höchste Zeit, sie mal wieder zu entkalken. Sehr wirkungsvoll und umweltschonend geschieht dies mit einem Gemisch aus 1/3 Essigessenz und 2/3 Wasser. Das Gemisch in den Wasserbehälter füllen und die Maschine anstellen. Anschließend die Maschine in zwei bis drei Durchgängen mit klarem Wasser durchspülen.

501. Wenn sei am **Weihnachtsbaum** echtes Kerzenlicht elektrischer Beleuchtung vorziehen, sollten sie den Baum unbedingt mit einer durchsichtigen Drachenschnur an der Wand oder Decke so befestigen, dass er ganz sicher nicht umfallen kann.

502. **Batterien richtig entsorgen:** Kleine Knopfzellen aus Taschenrechnern und Uhren sowie normale Batterien dürfen aufgrund ihres Quecksilber- und Cadmiumgehaltes nicht mit dem Hausmüll entsorgt werden. Entweder sie bringen alte Batterien zum Fachhändler zurück oder sie geben diese in Wertstoffhöfen ab.

503. **Flecken auf Leder** entfernt man mit schwachem Essigwasser.

504. **Flecken auf Linoleum** reibt man mit Sandpapier ab. Stelle gut waschen. Färbt sich von selbst wieder ein.

505. **Bronzeflecken** beseitigt man durch Einweichen mit Terpentinöl oder Benzioform. Leicht reiben.

506. **Punschflecken** in Stoffen entfernt man mit Wasser oder Fleckwasser.

507. **Fruchtflecken** in Tischtüchern und Wäsche lassen sich gut auswaschen, wenn man sie vorher mit Salz bestreut.

508. Frische **Weinflecken** lassen sich mit Zitronensaft auswaschen, wenn man die vorher mit Salz bestreut.

509. **Rotweinflecken** reibe man vorteilhaft mit grüner Seife ein und wasche sie möglichst bald mit lauwarmem Wasser aus.

510. **Likörflecken** entfernt man mit verdünntem Salmiakgeist; wenn sie farblos sind, genügt reines Wasser.

511. **Obstflecken** lassen sich meistens mit kochendem Wasser entfernen.

512. **Obstflecken** in Stoffen beseitigt man mit reinem Spiritus, den man vorher mit Wasser verdünnt.

513. **Heidelbeer- und Obstflecken** beseitigt man mit Sodawasser oder verdünntem Salmiakgeist. Vorsicht bei nicht waschechten Stoffen.

514. **Heidelbeerflecken** beseitigt man durch Abreiben mit der Innenseite einer Zitronenschale oder Aufträufeln von Zitronensaft. Mit lauwarmem Wasser nachspülen.

515. **Heidelbeerflecken** in Weißwäsche entfernt man durch Bestreichen mit saurer Milch und Ausspülen in lauwarmem Wasser.

516. **Heidelbeerflecken** entfernt man, indem man den Stoff über Schwefeldampf hängt.

517. **Kirschflecken** in Wäsche wäscht man in Seifenwasser aus, legt das Wäschestück in saure Milch und spült es danach in lauwarmem Wasser aus.

518. <u>Gras-, Obst- und Weinflecken</u> lassen sich, sofern sie nicht mit Wasser in Berührung gekommen sind, durch Ausreiben mit Weingeist beseitigen. Etwa zurückbleibender grauer Schatten verschwindet in der Wäsche.

519. <u>Grasflecken</u> wasche man mit heißem Wasser und überfetteter Seife aus. Evtl. nachbleichen.

520. <u>Grasflecken</u> beseitigt man mit einer Zinnsalzlösung (1 Messerspitze Zinnsalz auf ½ Liter reines Regenwasser). Stellen einzeln anfeuchten und sofort mit klarem Wasser nachwaschen.

521. <u>Druckflecken auf Plüsch</u> beseitigt man, indem man die Rückseite anfeuchtet und bügelt. Über heiße Dämpfe ziehen hat sich ebenfalls bewährt.

522. <u>Rostflecken</u> lassen sich entfernen, indem sie den Gegenstand erwärmen und ihn mit einem, mit etwas Bienenhonig getränkten, trockenen Tuch abreiben. Der Wachsüberzug wird anschließend mit einem in fein gestoßenen Kochsalz getauchten Tuch entfernt.

523. Mit Lammfell gefütterte <u>Schuhe</u> nach dem Winter vollständig mit Zeitungspapier **<u>ausstopfen</u>** und so aufbewahren. Da Motten keine Druckerschwärze vertragen, bleiben sie fern und verschonen ihre Winterschuhe.

524. <u>Glas- und Flaschenuntersetzer aus Kork</u> lassen sich mit Schmierseife reinigen. Hierfür tragen sie die Seife dünn auf, lassen diese kurze Zeit einwirken und bürsten sie anschließend mit warmem Wasser ab.

525. <u>Mohairpullis</u> werden wieder flauschig, wenn sie für etwa zwölf Stunden in die Gefriertruhe oder ins Eisfach gelegt werden.

526. <u>Neue Fotofilme</u> sollten sie im Kühlschrank aufbewahren.

527. <u>Duschvorhänge</u> setzen keinen Schimmel an, wenn sie diese über Nacht in Salzwasser legen und nass aufhängen.

528. Passt der <u>Korken</u> nicht mehr in die Flasche, weichen sie ihn heißem Wasser ein. So lässt er sich wieder mühelos in den Flaschenhals treiben.

529. <u>Klebstoffspuren</u> von Etiketten auf Gläsern und Flaschen usw. lassen sich mit Speiseöl oft leicht entfernen.

530. Keinen Ärger machen **<u>fusselnde Wäschestücke,</u>** wenn man sie zum Waschen in einen Kopfkissenbezug legt.

531. Das kommt an: **<u>Pralinen</u>** in Tüll und Seidenpapier wickeln und in einem Glas **<u>verschenken.</u>**

532. Schmutzige Gleitflächen ihres **<u>Bügeleisens</u>** lassen sich am besten mit etwas Essigwasser reinigen, solange das Eisen noch warm ist.

533. **Milchgläser** erst kalt, dann heiß spülen. So werden sie schön klar.

534. **Aufgeribbelte Wolle** wird wieder schön glatt, wenn sie stramm auf ein Brett gewickelt, angefeuchtet und wieder getrocknet wird. Kleinere Mengen an aufgeribbelter Wolle können auch einfach um eine Flasche gewickelt werden, die anschließend mit heißem Wasser gefüllt wird. Nach 24 Stunden ist die Wolle wieder glatt.

535. **Gelbe Ostereier** erhält man, wenn man einen Liter kochendem Wasser sechs Kaffeelöffel Kurkuma (Gelbwurzel) zugibt.

536. Wer kennt sie nicht: **unübersichtliche,** vollgestopfte **Schrankfächer,** in denen man nie das findet, was gerade sucht. Hiergegen können sie unter Regelflächen flache Wäschekörbe hängen, in denen sie kleinere Wäschestücke wie Tücher, Handschuhe, Socken usw. sortiert aufbewahren.

537. Holzteile werden meist mit Holzschrauben verbunden. Falls sie beim **Eindrehen einer Schraube** einmal stecken bleiben, geben sie auf die Schraubenspitze etwas Öl oder Seife. Danach dreht sich die Schraube leichter.

538. Manchmal passiert es, dass sich ineinander gestellte **Gläser so verkeilen,** dass man sie nicht mehr auseinanderbringt. In diesem Fall füllen sie in das obere Glas Eiswürfel und stellen das untere in warmes Wasser. Dann können sie die Gläser durch leichtes Hin- und Herbewegen vorsichtig trennen.

539. Sobald sie ihren Garten winterfest gemacht haben, sollten sie auch die **Gartengeräte** verstauen. Vorher müssen sie aber von Schmutz und Flugrost befreit werden. Die Metallteile werden nach dem Trocknen eingefettet oder eingeölt. Am besten sind die Geräte an einem trockenen Ort, zum Beispiel im Keller oder in der Garage, aufgehoben.

540. **Schuhe aus Lackleder** benötigen besondere Pflege, damit die Oberfläche nicht bricht. Wenn sie die Schuhe mit Rizinusöl einreiben, bekommt das Leder einen schönen Glanz und bleibt länger geschmeidig.

541. **Fenster putzt man** mit Essigwasser, **Spiegel** dagegen mit schwacher Seifenlösung.

542. **Fensterrahmen** reibt man nach dem Säubern vorteilhaft mit Bohnerwachs ein.

543. **Blindgewordene Fensterscheiben** reibt man mit Brennnesseln wieder klar, die man mit Regenwasser feucht gemacht hat.

544. **Fensterscheiben schützt man** vor dem Gefrieren, indem man sie mit einem in Glyzerin getauchten Tuch abreibt, trocknen lässt und danach blank poliert.

545. **Hartgewordene Fensterleder** seift man über Nacht ein, wäscht sie in Salmiakgeist aus und trocknet sie im Schatten.

546. <u>Spiegel</u> werden leicht blind, wenn man sie so hängt, dass sie die Sonnenstrahlen treffen.

547. <u>Glas wird ganz klar,</u> wenn man es mit Zitronenscheiben abreibt.

548. <u>Trübe Gläser</u> werden wieder leuchtend klar, wenn man sie längere Zeit mit einer Lösung aus Pottasche und Salmiak gefüllt stehen lässt.

549. Selten gebrauchte **<u>Glaskaraffen trocknet man</u>** vor dem Wegstellen mit Lösch- oder Filterpapier aus.

550. <u>Glasschüsseln</u> bürstet man mit lauwarmem Salzwasser und trocknet sie mit einem Tuch, auf das man vorher etwas Schlämmkreide streut.

551. <u>Gläser zerspringen</u> beim Eingießen heißer Getränke **<u>nicht,</u>** wenn man ein feuchtes Tuch darumlegt.

552. <u>Glas wird unzerbrechlich,</u> wenn man es in ein Gefäß mit kaltem Wasser, in dem etwas Kochsalz aufgelöst ist, legt und langsam zum Sieden bringt. Nach halbstündigem Kochen alles wieder erkalten lassen.

553. <u>Farbanstrich auf Glas</u> lässt sich mit Salmiakgeist oder Schmierseife schnell beseitigen.

554. <u>Glas lässt sich feilen,</u> wenn man die benutzende Feile mit in Benzin getränktem Kampfer bestreicht.

555. <u>Glas lässt sich unbeschädigt durchbohren,</u> wenn man auf die betreffende Stelle einen Tropfen Terpentin gibt. Zum Bohren genügt ein gewöhnlicher Spiralbohrer.

556. <u>Dünnes Glas</u> lässt sich mit der Schere (große) **<u>schneiden,</u>** wenn man das Schneiden unter Wasser (in einem großen Eimer etc.) vornimmt.

557. <u>Glas</u> lässt sich mit Aluminium **<u>beschreiben</u>**.

558. <u>Wasserflaschen reinigt man</u> durch Ausschwenken mit Wasser, dem man zerschnittene Kartoffelschalen beigibt.

559. <u>Stark riechende Flaschen</u> und Gefäße werden geruchsfrei, wenn man sie mit schwarzem Senfmehl und etwas warmem Wasser mehrmals kräftig ausspült.

560. <u>Flaschenetiketten beseitigt man,</u> indem man sie gut befeuchtet und eventuell über eine Flamme hält.

561. <u>Flaschen,</u> Thermosflaschen usw. **<u>bewahre man bei Nichtgebrauch</u>** offen auf, damit sie nicht muffig werden.

562. <u>Wertvolles Porzellan</u> wäscht man am besten mit einem in lauwarmes Wasser getauchten Schwamm.

563. Goldgerandetes Porzellan darf nicht in Sodawasser gewaschen werden.

564. Badewannen aus Emaille reinigt man mit gelöster Schlämmkreide und spült mit kaltem Wasser nach.

565. Badewannen lassen sich vorzüglich durch Abreiben mit Apfelsinenscheiben **reinigen.**

566. Messer reinigt man von Zwiebel- und Fischgeruch, indem man sie einige Zeit in feuchten Sand steckt.

567. Zwiebelgeruch entfernt man von Messern, wenn man mit diesen Mohrrüben schneidet.

568. Leichte Essigflecke und Messern kann man durch Putzen mit Spiritus und Putzstein oder Sand entfernen.

569. Heringsgeruch am Besteck lässt sich beseitigen, wenn man die Bestecke mit Kohlenasche putzt und mit Sodawasser nachspült.

570. Porzellan und Glas erhalten einen schönen Glanz, wenn man sie in einer Boraxlösung spült.

571. Fischgeruch an Bestecken beseitigt man, indem man diese heiß spült und durch eine Flamme zieht.

572. Messer werden leichter scharf, wenn man sie vom Rücken nach der Schneide putzt, nicht umgekehrt.

573. Küchenbretter, die sich verzogen haben, legt man einen Tag zwischen nasse Tücher.

574. Kleiderbürsten reinigt man am besten durch wiederholtes Reiben über ein Stück reinen Papier.

575. Nagelbürsten, deren Borsten mit unverbrauchter Seife verklebt sind, weiche man einige Stunden in Salzwasser ein. Ein Esslöffel Salz auf ¼ Liter Wasser genügt.

576. Schwämme halten länger, wenn man sie nach Gebrauch in der Sonne vollständig trocknen lässt.

577. Schwämme reinigt man, indem man sie mit Zitronenstückchen knetet und in klarem Wasser gut ausspült.

578. Wachstuch bleibt schön, wenn man es mit kalter Milch reinigt.

579. Weiße Türen reinigt man mit Schlämmkreide. Ein Tassenkopf davon wird mit warmem Wasser verquirlt und die Türen damit bestrichen. Mit reinem Wasser nachspülen und mit weichen Tüchern trocknen.

580. Holzgeschirr wird grau, wenn man es mit Sodawasser abwäscht.

581. Holzgefäße reinigt man am besten durch Ausscheuern mit Seifenwasser.

582. Schmutzige Spielkarten reibt man mit trockener Magnesia ab und poliert sie mit einem weichen Tuch nach.

583. Ölfarbenpinsel werden nach dem Gebrauch in Terpentinersatz ausgewaschen und in einem Behälter mit Wasser aufbewahrt.

584. Hartgewordene Pinsel weicht man vorteilhaft in heißem Seifenwasser ein und wäscht sie in Terpentinöl sauber.

585. Zinngegenstände putzt man mit einem Brei aus Zigarrenasche und Petroleum.

586. Stahlwaren werden schön blank, wenn man eine Kartoffel halbiert, die Schnittfläche in Kalkmehl taucht und damit die Sachen abreibt.

587. Rostflecke auf Stahl löst man mit Petroleum.

588. Rostflecke auf Stahl entfernen sie auch durch Abreiben mit Kork oder Radiergummi.

589. Rost können sie verhüten durch Einreiben des betreffenden erwärmten Gegenstandes mit Bienenwachs.

590. Rost auf Stahl verhindern sie durch Einfetten mit Paraffinöl.

591. Ein gutes **Einschmiermittel für Fahrradteile** ist ein Gemisch aus gleichen Teilen Wachs und Terpentinöl.

592. Schlittschuhe werden nach jedem Gebrauch **gereinigt,** mit Öl eingerieben und an einem warmen Ort aufgehängt.

593. Unbenutzte Bestecke rosten nicht, wenn sie mit Glyzerin eingerieben werden und in Seidenpapier gewickelt werden.

594. Rostflecken an feinen Messern können sie mit Tintenradiergummi entfernen.

595. Rostige Scheren legen sie zum Weichen des Rostes in Petroleum und putzen mit altem Papier nach.

596. Das Rosten der Gartengeräte wird vermieden durch Aufstreichen eines Breies aus drei Teilen ausgelassenen Speck und einem Teil darin verschmolzenen Harz.

597. Metallgegenstände schützt man vor dem Rosten durch einen Überzug aus sechs Teilen Fett, einem Teil Kampfer und etwas Graphit.

598. Frischen Rost entfernt man von Eisen, indem man es mit einem mit Öl befeuchteten Kork abreibt.

599. **Eisen wird jahrelang von Rost verschont,** wenn man es eine Viertelstunde in eine Lösung von Soda oder Pottasche legt und an der Luft trocknen lässt.

600. **Rostige Gitter** muss man vor dem Streichen mit einer scharfen Drahtbürste säubern und mit warmem Leinöl bestreichen.

601. **Schrauben lassen sich leicht lösen** wenn man Terpentinöl daran streicht und die Schrauben heiß macht.

602. **Das Einrosten der Schrauben** verhindert man, indem man sie vor Gebrauch in heißes Öl, in das man etwas Graphit getan hat, taucht.

603. Ein gutes Schmiermittel, das den Vorzug hat, immer zur Hand zu sein, ist ein gewöhnlicher Bleistift, der sich sehr gut zum **Schmieren von Türangeln** eignet, was in der Weise geschieht, dass man die Angeln mit der Spitze des Bleistifts gut einreibt.

604. **Um Nägel und Eisen vor Rost zu schützen,** wirft man sie glühend in kaltes Öl.

605. **Verblichene Handschriften** frischt man wieder auf, wenn man sie mit einem Stück Fließpapier bedeckt, das mit aufgelöstem Eisenvitriol getränkt ist.

606. **Bleistiftschrift** macht man dauerhaft durch Überpinseln mit Milch. Die Schrift kann nicht mehr ausradiert werden.

607. **Schubladen** lassen sich **leichter öffnen,** wenn man alle Ränder mit trockener Seife oder Talkum bestreicht.

608. **Aufgeklebte Briefmarken** kann man wieder entfernen durch Befeuchten der Innenseite des Umschlages.

609. **Zusammengeklebte Briefmarken** oder dergleichen legt man unter durchsichtiges Papier und bügelt sie mit heißem Eisen. Man kann dieselben dann trennen.

610. **Papier wird unbrennbar,** wenn man es einige Male in eine starke Alaunlösung taucht und trocknen lässt.

611. **Papier macht man wasserdicht,** wenn man es mit einer Boraxlösung, in die man Schellack gebracht hat, beiderseitig tränkt.

612. **Zelte und Planen macht man wasserdicht,** wenn man sie einige Tage in eine Lauge legt, die man erhält, wenn man etwa 1 Pfund Eichenrinde in etwa 8 Liter Wasser kocht. Nach dem Imprägnieren gut spülen.

613. **Bindfaden und Schnur macht man wetterfest** durch Tränken in einer Lösung von Alaun oder Leinöl.

614. **Regenschirme** spannt man zum Trocknen nur halb auf. Die Gelenke ölt man leicht. Den Schirm bewahrt man ungerollt mit dem Griff nach unten im Schrank stehend auf.

615. **Feuchte Räume** trocknet man durch Aufstellen einiger Gefäße mit ungelöschtem Kalk, der die Feuchtigkeit anzieht.

616. **Dachmoos lässt sich leicht entfernen** mit einer Kalkbrühe, der man etwas Eisenvitriol beigefügt hat.

617. **Feuchte Kellerwände** streiche man mit einer Mischung von 93 Teilen Ziegelmehl und 7 Teilen Bleiglätte, die man mit Leinölfirnis zu einer eben noch streichbaren Masse verrührt.

618. **Hölzerne Pfosten** schützt man vor Fäulnis, wenn man den in die Erde kommenden Teil mit gekochtem Leinöl, dem etwas gepulverte Kohle beigemischt wird, bestreicht. Teer und Karbolineum schaden dem Pflanzenwuchs.

619. **Hölzerne Pfosten** schützt man vor Fäulnis, wenn man den in die Erde kommenden Teil leicht abbrennt.

620. **Holzwürmer entfernt man** durch Einpinseln mit Karbolsäure oder Terpentinöl auf die vom Holzwurm befallenen Stellen.

621. **Holzwürmer gehen ein,** wenn man in Bohrlöcher Benzin gießt und dann mit Wachs oder Kitt verschließt. Die sich entwickelnden Gase töten die Würmer.

622. **Holzwürmer:** Essigessenz (80%ig) ist die Lösung.

623. **Holzwürmer in Korbmöbeln** vertreibt man, wenn man die Möbel einige Tage in Wasser stellt.

624. **Dünne Bretter nagelt man** folgendermaßen: Vor dem Einschlagen den Nagel auf den Kopf stellen und ihm einen leichten Hammerschlag auf die Spitze geben. Die etwas breiter geschlagene Spitze zwängt sich nun nicht mehr in die Fasern hinein, sondern zerreißt sie, so dass das Holz nicht mehr spaltet.

625. **Nägel lassen sich leichter in Holz treiben,** wenn man sie vorher in etwas Seife getaucht hat.

626. **Stuhlfüße kratzen nicht** auf dem Fußboden, wenn man sie mit kleinen Filzstücken unterlegt.

627. **Um das Rutschen von Leitern** zu verhindern, klebt man unter deren Füße kleine Stückchen Gummi oder Filz.

628. **Brechen des Linoleums** verhindert man, wenn man Essig und Öl zu gleichen Teilen mischt und das Linoleum öfter einreibt.

629. **Tapeten werden abwaschbar** durch Bestreichen mit einer Mischung von 2 Teilen Schellack in 12 Teilen Wasser aufgelöst.

630. **Ölfarbengeruch im Zimmer** vertreibt man damit, dass man einige flache Gefäße mit Wasser aufstellt, die den Geruch anziehen.

631. **Übler Ausgussgeruch** wird vermieden, wenn man zuweilen ein Stück Soda in den Ausguss legt.

632. **Zentralheizungskörper verursachen schlechte Luft** im Zimmer, wenn man sie nicht jede Woche feucht abwischt.

633. **Schlechte Zimmerluft verbessert man** durch Verbrennen von Zucker. Die sich dabei entwickelnden Gase sind keimtötend.

634. **Gute Zimmerluft im Winter** erhält man, wenn man hin und wieder einen Zapfen der Edeltanne in den Bratofen legt.

635. **Angenehmen Duft im Zimmer** erhält man, wenn stark duftende Rosenblätter in eine Flasche steckt (ohne sie zu zerknittern) und eine kleine Schicht Salz darauf gibt. Zuletzt etwas Weingeist zugeben und verschlossen an einem kühlen Ort aufbewahren. Bei gegebener Gelegenheit stelle man die Flasche in das betreffende Zimmer.

636. **Weihnachtsbäume bleiben länger frisch,** wenn man diese in ein Gefäß mit feuchtem Sand stellt und diesen feucht hält.

637. **Der Weihnachtsbaum bleibt lange frisch,** wenn man den Baum einige Tage mit dem Stiel in eine Mischung aus Glyzerin und Wasser stellt.

638. **Zu Weihnachten hat man blühende Zweige,** wenn man Anfang Dezember Zweige von Forsythien, wilden Kirschen u. a. Frühlingssträuchern abschneidet und im warmem Raum in eine Vase stellt. Es muss immer soviel Wasser zugegossen werden wie verdunstet. Die sich entfaltenden Blätter müssen mit warmem Wasser besprizt werden.

639. **Tannenzweige halten sich länger frisch,** wenn man sie in eine Mischung aus gleichen Teilen Glyzerin und Wasser taucht.

640. **Tannengrün hält sich frisch,** wenn man die schrägen Schnittflächen einige Zeit in Wasser stellt und dann mit Siegellack verschließt.

641. **Kerzen brennen langsamer,** wenn man um den Docht feingepulvertes Salz legt.

642. **Weihnachtskerzen tropfen nicht,** wenn man sie vor Gebrauch etwa eine Stunde in Salzwasser legt und danach von selbst trocknen lässt.

643. **Kerzen lassen sich bis auf den letzten Rest verbrennen,** wenn man das Ende der Kerze schon vor dem Befestigen in Leuchter mit einem Stück Stanniol umwickelt, das, da es unverbrennbar ist, diese Sparsamkeit ermöglicht.

644. **Kerzen löschen sich von selbst aus,** wenn man an der gewünschten Stelle einen Gummiring stramm umlegt. Derselbe fährt zusammen, sobald sich die Flamme nähert,

und löscht die Kerze.

645. **Haustüren sichert man dadurch,** dass man den Schlüssel stecken lässt und durch einen Draht so befestigt, dass er von außen nicht herausgestoßen werden kann.

646. **Holzmöbel** danken ihnen eine **regelmäßige Pflege** mit anhaltend schönem Glanz. Folgendes selbstgemachtes Pflegemittel eignet sich dafür: 2 EL Terpentinöl, 1 EL Leinölfirnis und 1 EL Essig gut mischen. Das Ganze auf ein weiches Tuch geben und die Möbel damit einreiben. Einwirken lassen und mit einem sauberen Tuch nachpolieren.

647. **Fischgeruch an den Händen** verschwindet durch Einreiben mit Zitronen- oder Tomatensaft.

648. **Plastikschläuche** passen auf jeden Wasserhahn, wenn man sie in heißes Wasser taucht und dann sofort überstülpt.

649. **Geht an der Wand hinter dem Heizkörper viel Wärme verloren** – warme Wand, aber geringe Heizwirkung, kann Alufolie aus der Küche helfen. Sie wird mit beidseitig klebendem Klebeband auf der Wand hinter der Heizung befestigt.

650. **Kugelschreiberflecken** kann man mit 90 %igem Alkohol entfernen.

651. **Ölfarbe zum Anstreichen** von Gartenmöbeln und Holzzäunen macht man **wetterfest,** wenn man ihr einen Zusatz von gleichen Teilen Roggenmehlkleister und Heringslake beimischt.

652. **Schwere Möbel** soll man nie ganz an die Wände, besonders **nicht an Außenwände stellen,** weil sie sonst unter der Feuchtigkeit leiden.

653. **Schwere Möbel** können leicht **gerückt** werden, wenn man Speckschwarten mit der Fettseite nach unten unter die Füße legt.

654. **Polierte Möbel reinigt man,** indem man sie mit einem Brei aus Kartoffelmehl und Olivenöl abreibt.

655. **Lackierte Möbel säubert man** durch Bestreichen mit in Weingeist gelöstem Schellack. Mit einem Leinentuch trocknen und glänzend reiben.

656. **Lackierte Möbel reinigt man** durch Bestreichen mit einem Gemisch von Mehl und Baumöl. Mit einem wollenen Tuch nachreiben.

657. **Gestrichene Möbel** dürfen nur mit einer verdünnten Salmiaklösung abgewaschen werden. Keinesfalls darf man bei solchen Möbeln Seife oder Soda verwenden.

658. **Eichene Möbel wäscht man** mit warmem Bier ab. Sie werden dann wie neu.

659. **Helles Eichenholz dunkelt man nach,** indem man es mit ein in Salmiakgeist gefeuchtetes Tuch einreibt und feucht stehen lässt.

660. **Gebeizte Möbel reinigt man** mit etwas Bohnerwachs und Reiben mit einem wollenen Tuch. Wasser vermeiden.

661. Aus neuen **Möbeln vertreibt man den Tischlergeruch,** wenn man einen Topf mit kochender Milch hineinstellt und die Türen zuhält.

662. **Muffigen Geruch in Möbeln** beseitigt man durch Auswaschen mit Sodalauge, der man übermangansaures Kali zusetzt.

663. **Nachtschränke bleiben geruchfrei,** wenn man den Boden oder die Rückwände mit nicht zu kleinem Bohrer durchbohrt.

664. **Mottenkugelgeruch beseitigt man,** wenn man gelbes Senfmehl in die Schränke bringt.

665. **Stauben beim Klopfen von Polstermöbeln** verhindert man, wenn man ein in Essigwasser getränktes Tuch darüber legt.

666. **Seiden- und Gobelinmöbel frischt man auf,** indem man sie mit einem mit Kartoffelmehl gesättigten Wattebausch abreibt und mit einer weichen Bürste nachbürstet.

667. **Ledermöbel frischt man auf,** indem man sie mit einem Gemisch von Eiweiß und Leinöl bestreicht.

668. **Geflochtene Körbe** müssen öfter mit warmem Wasser abgebürstet und nachgespült werden. Dem warmem Wasser setzt man dabei etwas Salz zu. Dadurch halten sich die Körbe nicht nur länger, sie sehen dann auch immer wie neu aus.

669. **Körbe halten länger,** wenn man unter den Boden Latten nagelt.

670. **Geflochtene Stuhlsitze** werden schön sauber, wenn man sie mit Salzwasser abbürstet.

671. **Gelockertes Stuhlrohrgeflecht** wäscht man mittels Schwamm und heißem Wasser von der Rückseite und trocknet es am warmen Ort, nicht an der Heizung.

672. **Teppiche frischt man auf** durch Abreiben mit Sauerkraut.

673. **Teppiche werden schön frisch,** wenn man sie mit rohen, geriebenen Kartoffeln abbürstet.

674. **Kleine Teppiche reinigt man,** indem man sie über einen kurzen feuchten Rasen zieht.

675. **Teppiche klopft man** im Winter auf Schnee.

676. **Teppiche klopft man** von der Rückseite, so wird der meiste Staub entfernt. Die Vorderseite nur wenig klopfen, aber energisch ausbürsten.

677. **Kokosläufer** lassen sich am besten **reinigen,** wenn man sie in fließendes Wasser hängt.

678. Goldborten spült man mit kaltem Wasser ab und reibt sie mit einem Wolltuch blank.

679. Goldrahmen werden wieder glänzend, wenn man sie mit feuchtem Salz abreibt und mit einem weichen Tuch nachpoliert.

680. Fotografien reinigt man mit spiritusfeuchter Watte.

681. Gipsfiguren reinigt man durch Anstreichen mit dick gekochtem Kleister, der beim Trocknen abspringt und den Schmutz mitnimmt.

682. Gipsmodelle reinigt man mit einer Sodalösung und reibt sie dann mit einem Tuch ab. Dann bestreicht man die Figuren mit einem dünnen Magnesiabrei, lässt ihn trocknen und bürstet ihn ab.

683. Empfindliche Porzellanfiguren trocknet man nach dem Säubern dadurch, dass man sie mit Spiritus besprengt. Der flüchtige Spiritus nimmt auch das Wasser beim Verdunsten mit, ohne Flecke zu hinterlassen.

684. Echte und unechte Steine reinigt man mit einem weichen Bürstchen und etwas Kölnisch Wasser. Erst müssen dieselben aber einige Minuten in Kölnisch Wasser liegen.

685. Echte und unechte Diamanten kann man unterscheiden, wenn man das Schmuckstück oder den einzelnen Diamanten in ganz reines, klares Wasser legt. Der echte Diamant strahlt unter Wasser genau so wie drüber, der falsche nicht.

686. Bernstein wird wieder glänzend, wenn man ihn mit einem wollenen Tuch und Weingeist bearbeitet.

687. Korallen säubert man mit einem in Seifenwasser getauchten Leinentuch. Mit einem Leder poliert man sie auf Hochglanz.

688. Neue Teppiche werden durch den Gebrauch fest; deshalb keinen Staubsauger benutzen.

689. Geweihe reinigt man mit leichtem Seifenwasser. Gut nachspülen und gut trocknen durch Abreiben mit einem Leinentuch.

690. Stearin entfernt man von metallenen Leuchtern durch Eintauchen in heißes Wasser. Abkratzen gibt Schrammen.

691. Kronleuchter aus Bronze reinigt man, indem man sie mit heißen Zichorienblüten abreibt. Mit weichen Tüchern nachpolieren.

692. Bronzierte Gegenstände putzt man mit einem in Spiritus wenig angefeuchteten Wildledertuch.

693. Gelbgewordene Klaviertasten reibt man mit einem Wattebausch ab, den man mit verdünntem Spiritus (1:1) feuchtet.

694. Dunkelgewordene Klaviertasten reibe man mit einem Gemisch von Chlorkalk und Wasser im Verhältnis 1:4 ab.

695. Marmor kittet man mit einer Mischung von 4 Teilen Gips, 1 Teil pulverisiertem Gummiarabikum und wenig Wasser, das zu einem dicken Brei verrührt ist und dick aufgetragen werden muss.

696. Marmorplatten säubert man durch Abreiben mit Öl.

697. Marmor wird schön glänzend durch Abreiben mit einer Lösung von gelbem Wachs in Terpentin.

698. Steinharten Gips erhält man aus Alabastergips und Milch.

699. Porzellan lässt sich mit weißer Ölfarbe **kitten,** die man auf die Bruchstelle streicht. Teile fest zusammenbinden, bis die Farbe trocken ist.

700. Klebstoffe trocknen nicht ein, wenn in das Klebstoff-Gefäß ein Stücken Kampfer gelegt wird.

701. Zelluloidgegenstände kittet man durch Eintauchen der Bruchenden in Essigsäure und trocken werden lassen in zusammengebundenem Zustand.

702. Verbeulte Zelluloidgegenstände glätten sich wieder, wenn man sie in heißes Wasser legt.

703. Flüssigen Leim bereitet man, indem man gewöhnlichen Tischlerleim einige Stunden in Wasser einweicht, die bis dahin noch nicht vom Leim aufgesogene Masse abgießt und den Leim in einem Wasserbade kocht. Ist er flüssig, gießt man etwas Holzessig hinzu, rührt alles gut und klar und füllt die fertige Masse in weithalsige Flaschen.

704. Guter, billiger **Büroleim** ist Wasserglas.

705. Eiweiß ist ein guter Briefverschluss, da selbst Wasserdämpfe dieses nicht aufzulösen vermögen.

706. Billiger und haltbarer **Leim** ist Zwiebelsaft.

707. Papier lässt sich auf Metall kleben, wenn man das Metall mit Soda abwäscht und den Saft von Zwiebeln als Klebstoff benutzt.

708. Papier klebt auf Glas, wenn man Wasserglas als Bindemittel verwendet.

709. Glas kittet man mit einer Lösung von 3 Tafeln weißer Gelatine auf 1 EL heißen Essig. Der Kitt ist durchsichtig und haltbar.

710. Fensterfugen sind leicht mit einer Mischung von Schlämmkreide und Leinöl zu **dichten.**

711. Petroleumlampen rauchen nicht, wenn man den Docht vor dem Gebrauch einige Stunden in Essig legt und wieder trocknen lässt.

712. Petroleumlampen brennen heller, wenn man dem Petroleum einen halben Teelöffel Salz zufügt.

713. Hartgewordenes Gummi legt man in eine Lösung von 1 Teil Ammoniak oder Salmiakgeist und 2 Teilen Wasser: Nach dieser Behandlung wird es wieder schön elastisch.

714. Hartgewordene Gummiringe werden wieder weich, wenn man sie in Salmiakgeist legt.

715. Zerdrückte Borsten in Besen richtet man wieder auf, indem man sie über einen Kessel mit dampfendem Wasser hält.

716. Alte Korke kocht man in Salzwasser auf. Sie werden dadurch weich und verlieren gleichzeitig den alten Korken anhaftenden schlechten Geruch.

717. Seife ist sparsamer, wenn man unter dieselbe ein Stückchen Stanniol presst, wodurch ein Auflösen verhindert wird.

718. Stricknadeln rutschen nicht so leicht aus der Handarbeit heraus, wenn man auf die Enden der Nadeln ein Korkstückchen steckt.

719. Man bekommt keinen Rausch, wenn man neben dem Alkoholgenuss von Zeit zu Zeit einige Kaffeebohnen kaut.

720. Malzbier, Selterswasser usw. lässt sich **leichter einschenken,** wenn man durch Umschließen der Flasche mit den Händen die Körperwärme auf das Getränk überträgt.

721. Unbenutzte Kaffeekannen schwenke man vor dem Gebrauch mit heißem Wasser, da sonst der Kaffee stumpf schmeckt.

722. Brillengläser laufen nicht an, wenn man sie mit etwas Glyzerin und Schmierseife einreibt und dann mit einem Ledertuch blank putzt.

723. Gold reinigt man mit Schlämmkreide.

724. Goldene Ketten legt man 15 Minuten in eine Lösung von Salz und starkem Essig, spült dann ab und reibt mit feinem Tuch nach.

725. Goldsachen reinigt man auch mit zerschnittener Zwiebel; eventuell nachspülen und gut abtrocknen.

726. Silber reinigt man mit Fließpapier.

727. Silberzeug reinigt man gründlich durch 15 Minuten langes Kochen in starkem Salmiakgeist, nach dem Abspülen mit Kreide abreiben.

728. Silbersachen bekommen einen **schönen Glanz,** wenn man sie mit zu weißer Asche verbranntem Papier poliert.

729. Flecke an silbernen Löffeln entfernt man durch Waschen in heißem Wasser unter Zusatz von Borax. Gut bewährt hat sich auch Abreiben mit der inneren Seite von Kartoffelschalen.

730. Silber, das geputzt werden soll, legt man in heißes Seifenwasser mit Soda, putzt es einzeln und trocknet es heiß ab, damit es seinen **schönen Glanz** behält.

731. Eierflecken an silbernen Löffeln entfernt man mit feuchtem Salz.

732. Alte Silberbestecke werden mit Weingeist abgerieben, mit heißem Wasser abgebürstet und mit einem wollenen Tuch trocken gerieben.

733. Unechte Metalle reinigt man mit reinem Alkohol und Watte. Etwa eingesetzte Steine reibt man mit einem Leder ab.

734. Metalle: Ungesalzene Kochbrühe von weißen Bohnen ist ein gutes Mittel, um Flecke von Metallen aller Art zu entfernen.

735. Angelaufenes Messing säubert man durch Abreiben mit schwachem Essig und Nachwaschen mit warmem Wasser.

736. Altes Messing wäscht man mit starkem Salmiakgeist ab, bürstet kräftig und spült mit klarem Wasser gut nach, es wird dann wie neu.

737. Türschlösser aus Messing befreit man von Grünspan, indem man sie mit Petroleum und Sand bürstet, mit einem feuchten Tuch einweicht und mit einem weichen Tuch nachtrocknet.

738. Messing- und Kupfergeräte lassen sich durch Abwaschen mit Sauerkrautbrühe leicht reinigen.

739. Ansetzen von Kesselstein in Wasserbehältern kann man verhüten, wenn man ein sauberes Stück Marmor in den Kessel legt.

740. Verschmutzte Hemdkragen werden beim Waschen wieder sauber, wenn sie vorher mit etwas Haarshampoo eingerieben werden, da Haarshampoo schonend Körperfette löst.

741. Obstsaftflecken können oft leicht von der Kleidung entfernt werden, indem etwas Zitronensaft auf den Fleck gegeben wird. Nach der Behandlung waschen. Besonders hartnäckige Flecken sollten in einem Wasserbad aus Buttermilch und etwas Zitronensaft eingeweicht werden. Danach wie gewohnt waschen.

742. Auf so manchen Faschingsfesten geht es rund. Da kann es schon passieren, dass sie mit **Schminke- oder Lippenstiftflecken** an der Kleidung nach Haus kommen. Reiben sie die Flecken mit Glyzerin ein – das löst sie aus dem Gewebe. Anschließend das Wäschestück in Seifenlauge auswaschen und zum Trocknen aufhängen.

743. **Grasflecken entfernen:** Zuerst reiben sie den Stoff vorsichtig mit Waschbenzin ab und waschen in anschließend mit Seifenlauge aus. Bei empfindlichen Stoffen bestreichen sie den Grasfleck mit Butter und waschen ihn nach etwa 20 Minuten mit einer milden Seifenlauge aus.

744. **Ein guter Fleckentferner,** besonders für seidene Stoffe, ist heiße Holzkohlenasche, die man in ein seidenes Tuch legt und damit den Fleck betupft, bis er verschwunden ist.

745. **Flecken unbekannter Ursache** in Stoffen kann man häufig dadurch entfernen, dass man den Stoff in eine starke Salzlösung legt und in der Sonne bleicht. Mit klarem Wasser gut nachwaschen und, wenn nötig, das Verfahren wiederholen.

746. **Randflecken als Rest von Fleckbeseitigungen** werden verhindert, wenn man den Stoff, während er noch feucht ist, glättet.

747. **Blutflecken an feinen Handarbeiten** lassen sich durch Auflegen von wenig angefeuchteter Stärke entfernen. Brei trocknen lassen und abblasen.

748. **Durch zu heißes Bügeln gelb gewordener Stoff** wäscht man sofort mit gewöhnlichem Essig aus. Der Fleck wird gleich verschwinden. Ist der Essig jedoch nicht farblos, verschlimmert er das Übel.

749. **Tabakflecken in weißen Taschentüchern** lassen sich entfernen, wenn man sie mit Spiritus einreibt und einige Zeit liegen lässt. Erst in Alkohol und dann in reinem Wasser waschen. Zuletzt gut mit klarem Wasser spülen.

750. **Parfümflecken** in seidenen Taschentüchern entfernt man durch Abreiben der Seide mit angewärmten Glyzerin.

751. **Kakaoflecken** entferne man mit Wasser, ohne Seife.

752. **Tintenflecken auf Holz** entfernt man am besten mit starker Schwefelsäure.

753. **Tintenflecken an den Händen** entfernt man durch Abreiben mit der inneren Seite einer Zitronenschale.

754. **Schmutzige Anzugkragen** bürstet man mit verdünntem Salmiakgeist (1 Teil auf 10 Teile Wasser) ab und spült mit klarem Wasser nach.

755. **Glänzende Flecken in Kammgarnstoffen** entfernt man, wenn man sie mit einer Lösung Salmiakgeist und Wasser (1:10) tränkt und die Stellen mit einer warm angefeuchteten Bürste bürstet. Mit klarem Wasser nachspülen.

756. **Glanzstellen in Anzügen** beseitigt man, wenn man sie mit einer Efeublätterbrühe, der man etwas Salmiak zusetzt, abreibt.

757. Fett aus Hüten, Stoffen usw. entfernt man, indem man die zu behandelnden Stellen anfeuchtet und mit Hirschhornsalz reibt bis Schaum entsteht. Nach einigen Minuten mit lauem Wasser nachwaschen.

758. Fettflecken entfernt man durch Auswaschen mit Salz, das in Salmiakgeist, Weingeist oder Branntwein gelöst ist.

759. Frische Fettflecken lassen sich durch Abreiben mit trockenen Kartoffelschalen beseitigen.

760. Fettflecken auf Tapeten bestreiche man mit einem dicken Brei aus Ton und Wasser, kratze nach einem Tag ab und wasche mit reinem Wasser nach.

761. Fettflecken in farbigen Wollstoffen und Leder beseitigt man, wenn man ein Löschpapier darüber breitet und ein heißes Bügeleisen darauf stellt. Gegebenenfalls wiederholen.

762. Fettflecken in Marmor lassen sich mit aufgelegter Benzinmagnesia beseitigen. Mit klarem Wasser gut nachwaschen.

763. Flecken in Marmor: Mit Bimsstein oder feinem Sandpapier abreiben und mit Radiergummi glätten.

764. Suppenflecken in Wollstoffen beseitigt man durch Abreiben mit einer Mischung von gleichen Mengen Terpentinöl und Benzin. Mit lauwarmem Seifenwasser nachwaschen.

765. Teerflecken in Woll- und Seidenstoffen wäscht man vorsichtig mit Seifenflockenwasser aus.

766. Harzflecken in Stoffen entfernt man, wenn man die betreffenden Stellen mit Terpentin anfeuchtet, leicht reibt, mit Löschpapier bedeckt und bügelt.

767. Harzflecken entfernt man durch Ausreiben mit Spiritus.

768. Regenflecken in Seidenstoffen lassen sich meistens entfernen, wenn man den ganzen Stoff mit einem feuchten Schwamm und warmem Wasser kräftig abreibt, vorsichtig in Tücher rollt und je nach Eigenart der Seide halbtrocken oder trocken bügelt.

769. Regenflecken überbügelt man mit einem feuchten Tuch.

770. Flecken von roter Tinte entfernt man durch Bestreichen mit reinem Senf. Nach der Behandlung gut auswaschen.

771. Bierflecken in hellen Wollkleidern entfernt man, indem man sie mit einer Mischung von lauwarmem Wasser und reinem Spiritus (gleiche Teile) sorgfältig nach einer Richtung hin reibt. Zwischen zwei reinen Tüchern bügeln.

772. Bierflecken entfernt man durch Auswaschen mit lauwarmem Salmiak-Seifenwasser. Auch sofortiges Waschen mit scharfem Salzwasser führt zum Erfolg.

773. **Stearinflecken** beseitigt man aus Stoffen und Teppichen, wenn man ein Löschblatt darauf legt und darüber bügelt. Ränder entfernt man mit Kölnisch Wasser.

774. **Parfümflecken** reibt man mit Spiritus. Man kann sie auch mit konzentriertem, warmen Glyzerin beseitigen.

775. **Straßenschmutz auf dunklen Kleidern** entfernt man durch Abreiben mit roher Kartoffelschale.

776. **Kalkflecken** sind sofort zu entfernen, wenn sie nicht das Gewebe zerstören sollen. Zuerst abbürsten. Aus weißen Stoffen werden Kalkflecken mit Essig entfernt.

777. **Kalk- und Laugenflecken** wäscht man mit reinem Wasser oder stark verdünntem Essig aus.

778. **Kalkflecken in Fußböden** reibt man zunächst mit Stroh ab. Dann werden die Stellen mit in Essig getauchtem, grobem Tuch abgerieben und nachgespült.

779. **Ölfarbenflecken** lassen sich, wenn sie noch frisch sind, durch Betupfen mit einem Terpentin- oder Benzintuch entfernen. Ältere Flecken bestreicht man kräftig mit Schmierseife und wasche sie nach einer Stunde in Regenwasser aus.

780. **Speise-, Öl- und Schmutzflecken** beseitigt Kölnisch Wasser.

781. **Leichtere Ölflecken** werden angefeuchtet, mit einem Benzintuch überstrichen und mit einem heißen Bügeleisen in Löschpapier ausgebügelt.

782. **Fett- und Ölflecken** auf Fensterscheiben, Spiegeln usw. entfernt man mit nasser Zigarrenasche.

783. **Getrocknetes Eigelb** erweicht man mit Glyzerin und wäscht es mit lauwarmem Seifenspiritus aus und reibt evtl. mit feuchtem Salz nach.

784. **Butter- und Farbflecken** auf Papier entfernt man durch Erwärmung des Fleckens und Bestreuen mit Farberde; längere Zeit liegen lassen.

785. **Fliegenflecken auf Glas** reibt man mit Salmiakgeist ab.

786. **Milch- oder Wasserflecken** in Eichenmöbeln entfernt man mit einer dicken Lösung aus weißem Wachs und Terpentinöl. Mit Wolltuch nachreiben.

787. **Schuhcremeflecken** lassen sich mit Weingeist entfernen.

788. **Fliegenflecken auf Metall** reibt man mit Spiritus ab.

789. **Fliegenflecken auf Möbeln** reibe man mit Petroleum ab.

790. **Wasserflecken auf Fußböden,** Fensterbänke usw. entfernt man, indem man etwas

Zigarrenasche darauf streut. Zigarrenasche nach einigen Tagen wieder entfernen und mit Petroleum getränktem Tuch nachreiben.

791. **Gegen Flecken** und Schrammen **an hellen Türen** benutze man Bohnerwachs.

792. **Leichte Flecken an weißen Möbeln** reibt man mit Radiergummi ab (in hartnäckigen Fällen Tintenradiergummi).

793. **Weiße Flecken an polierten Möbeln** entfernt man mit einem Brei aus Zigarrenasche und Petroleum. Brei auftragen, nach einigem Liegenlassen mit einem angekohlten Kork verreiben bis die Flecken verschwinden. Abwaschen und mit petroleumfeuchtem Flanelltuch nachpolieren.

794. **Flecken auf Metallgegenständen** entfernt man durch Auflegen eines Breies aus Zigarrenasche und Petroleum. Nach einiger Zeit kräftig verreiben, mehrmals mit lauwarmem Wasser nachspülen und mit weichem Tuch nachpolieren.

795. **Alleskleberflecken:** Nagellackentferner auf ein Tuch träufeln und vorsichtig herausreiben. Ebenso hilft Aceton. Nach Symbol waschen. All dies gilt für Baumwolle, Wolle (nur wenn waschbar) und Leinen. Nicht bei Acetat, Viskose oder Seide anwenden.

796. **Alkoholflecken:** Glyzerin, etwa ein Teelöffel, mit Wasser mischen und einweichen. Anschließend gut auswaschen, bestens möglich mit Wasser und Essig. Schnell handeln, da sich der Stoff vermutlich schnell bräunlich färbt.

797. Wenn sie **Aufgerautes glätten** möchten, benutzen sie einfach vorsichtig einen Rasierapparat.

798. Benutzen sie bei **Hosenaufschlägen** den Kleiderstoff, den es zum Aufbügeln im Handel gibt und bügeln sie ihn in den Aufschlag.

799. Besitzen auch sie einen Lieblingspullover, an dem die **Bündchen** schon sehr ausgeleiert sind und ihn unansehnlich machen ? Tauchen sie nur die Bündchen kurz in heißes Wasser. Sie erhalten so ihre alte Form zurück.

800. **Wolle** von aufgetrennten Stricksachen wird wieder **glatt,** wenn sie diese um eine mit heißem Wasser gefüllte Flasche wickeln und mindestens zwölf Stunden so stehen lassen.

801. **Alten Samt frischt man auf,** indem man ihn mit Benzin abreibt und über Dampf hält.

802. **Flecke in Samt** entfernt man mit gereinigtem Zitronenöl.

803. **Weiße Wäsche** wäscht sich schön weiß, wenn man eine Zitronenschale zerschneidet und sie beim Kochen zu der Wäsche in die Waschtrommel legt.

804. **Weiße Wäsche** wäscht sich schön weiß, wenn man einen Leinenbeutel mit Eierschalen im Waschwasser mitkocht.

805. <u>Schweißgeruch in Wäsche</u> entfernt man durch Waschen in Essigwasser.

806. <u>Gelbwerden seidener Taschentücher</u> wird vermieden, wenn man sie nie kocht oder mit Seife einreibt. In Seifenschaum aus lauwarmem Wasser schwenkt man das Tuch, drückt es leicht aus und lässt es trocknen. Feucht bügeln.

807. <u>Schwarze Seidenstoffe</u> wäscht man in einem Aufguss von Tee, dem man etwas Zucker beigefügt hat. Die noch nasse Seide von links bügeln.

808. <u>Seidene und kunstseidene Strümpfe</u> spüle man in Wasser, dem etwas Essig zugegeben ist.

809. <u>Waschseidene Kleider</u> soll man nur mit Waschbenzin waschen.

810. <u>Blutflecken:</u> Kalt in Salzwasser auswaschen. Niemals mit warmem Wasser versuchen. Erfolgreich bei Baumwolle, Leinen, Viskose, Wolle (nur wenn waschbar).

811. <u>Brandflecken auf dem Teppichboden</u> entfernen sie mit einer Rasierklinge. Anschließend lösen sie mit einer Klinge an einer nicht sichtbaren Stelle einige Fasern und kleben diese mit weißem Leim in das Brandloch. Sie brauchen dann schon einen guten Blick, um den Schaden dann noch zu sehen.

812. <u>Eiflecken:</u> Diese Flecken sollten sie mit Salz dick bestreuen, dann antrocknen lassen und abbürsten. Mit kaltem Wasser vorsichtig abtupfen und danach richtig waschen. Dieses gilt für Baumwolle, Wolle (nur wenn waschbar), Leinen, Seide und Viskose.

813. <u>Farbe entfernen:</u> Wenn sie ganz normales Speiseöl zum Einreiben ihrer Hände benutzen, bekommen sie Farbspritzer vom Streichen sehr leicht wieder ab. Oder auch schon vor dem Streichen die Hände mit fetthaltiger Creme oder Vaseline einreiben. Danach ist eine Reinigung kinderleicht.

814. <u>Farbflecken:</u> Wenn die Farbe wasserlöslich ist, mit Seife vorbehandeln und dann normal waschen (nicht bei Seide).

815. <u>Fettflecken:</u> Bei Bedarf möglichst mit flüssigem Feinwaschmittel einweichen und dann normal waschen. Bei Wolle mit Benzin vorsichtig vorbehandeln.

816. <u>Lösen sie Filzstiftflecken</u> mit Glyzerin und waschen sie danach nach Symbol der Wäsche. Dieses gilt auch bei waschbarer Seide, nicht bei Acetat.

817. <u>Fruchtsaftflecken:</u> Mit Mineralwasser den Fleck einweichen und dann normal waschen.

818. <u>Ölflecken:</u> Ausgelaufenes Öl mit Zeitungspapier oder Katzenstreu aufsaugen. Öl auf Beton, z. B. Garage, mit Waschbenzin einweichen und abschrubben. Mit Waschpulver nachwaschen. Öl/Fett auf Kleidungsstücken mit Salz bestreuen. Auch Talkum hilft.

819. <u>Bei Rotweinflecken</u> sofort Salz auf den Fleck streuen. In kaltes Wasser tauchen und gut ausreiben. Waschen.

820. Mit Leinöl entfernen sie **Teerflecken** auf Autolack.

821. **Tintenflecken** auf Linoleum-Böden entfernen sie mit Zitronensaft.

822. **Versengte Stoffe:** Mit Essig gemischtes Wasser auf die versengte Stelle reiben. Es dürfen keine braunen Stellen entstehen.

823. **Wachsflecken auf Holz** mit dem Föhn aufweichen und wegwischen. Wachsflecken auf Teppich oder Stoff mit einem Löschblatt belegen und vorsichtig darüberbügeln.

824. **Spinatflecken** reiben sie mit rohen Kartoffeln ab und waschen das Wäschestück wie üblich.

825. **Sengflecken:** Mit dem Saft einer frischen Zwiebel reiben sie die schadhafte Stelle ein und waschen das Teil wie üblich.

826. **Satin wäscht sich besser,** wenn man etwas Borax zugibt.

827. **Stoff prüft man auf Waschechtheit,** wenn man ein Stück anfeuchtet und auf weißem Papier hin- und herreibt. Waschechte Stoffe hinterlassen keinerlei Farbflecke, unechte dagegen doch.

828. **Farbige Wäsche** hängt man nur im Schatten auf.

829. **Farbige Kleider** wasche man rasch, und zwar in Essigwasser. Zwischen Tüchern ein- rollen, so dass keine Stelle die andere berührt, schnell trocknen und dann von links nicht zu heiß bügeln.

830. **Hellblaue, verblichene Kleider** wäscht man in Wasser, dem man einige Tropfen blaue Tinte zugesetzt hat.

831. **Farbige Stickereien** beim Waschen nicht reiben, nur in mäßig warmem Wasser, dem Borax zugesetzt ist, schwenken. Kalt nachspülen. Zur Auffrischung lege man sie noch in Essigwasser. Zwischen Tüchern ausdrücken.

832. **Wollkleider wäscht man** vorteilhaft in einer kalten Lauge aus Panamaspänen. Kalt nachspülen.

833. **Wollene Kleider und Pullover** werden schonend gewaschen, wenn man sie einige Stunden in Regenwasser legt und dann mit Seifenflocken wäscht.

834. **Zerknitterte Fransen** hält man über Wasserdampf und streckt sie. Beim Waschen nicht auswringen, sondern nass aufhängen.

835. **Gewaschene Spitzen** trocknet man vorteilhaft über einem Tuch, das um eine Flasche gewickelt ist.

836. **Aufgetrennte Wolle** wickeln sie fest auf ein Brett und tauchen sie in heißes Wasser,

nach dem Trocknen wieder locker wickeln. Sie wird wieder straff.

837. **Stoff lässt sich fleckenlos färben,** wenn man ihn, solange er sich in der Farbe befindet, ständig umrührt. Etwa vorhandene sonstige Flecken müssen vorher entfernt werden, fleckig verschossenes Zeug färbt man sehr dunkel.

838. **Stoff und Garn lässt sich braun färben,** wenn man grüne Nussschalen oder Tabakblätter in warmes Wasser legt und die Gegenstände einige Zeit darin liegen lässt.

839. **Farben** müssen, bevor sie dem Wasser beigefügt werden, durch ein Stückchen Musseline geseiht werden.

840. **Stoffe nach dem Färben** nicht auswringen, sondern nur ausdrücken und aufhängen.

841. **Wäschespitzen** lassen sich einfach creme-gelb färben, wenn man sie in heißen chinesischen Tee legt.

842. **Wäsche** sollte man nur **warm sprengen.**

843. **Stärkewasser** setzt man vorteilhaft etwas Salz zu, wodurch das lästige Kleben am Eisen beim Bügeln vermieden wird.

844. **Stärkewäsche** muss vor Frost geschützt werden, das sich sonst nicht mehr steif bügeln lässt.

845. **Gegen Gefrieren der Wäsche** füge man dem letzten Waschwasser eine Hand voll Salz bei, das gut gelöst werden muss. Sparsam sein, da die Wäsche bei zuviel Salz schlecht trocknet.

846. **Gestärkte Kragen,** die an der oberen Kante „scharf" werden, glättet man durch Reiben mit einem Stück Stearinkerze.

847. **Zerknittern gestärkter Oberhemden** beim Zuknöpfen wird verhindert, wenn man die Knopflöcher vorher von hinten anfeuchtet.

848. **Brechen der Wäsche in den Falten** verhindert man, wenn man die Art des Zusammenfaltens öfter wechselt.

849. **Waschkleider mit Stickereien** sollen nur von links auf der Wolldecke gebügelt werden, ohne Bügeltuch zwischen Unterlage und Gegenstand.

850. **Krawatten wäscht man** in einer Lauge von 1 EL Waschmittel auf 1 Liter kaltem Wasser. Dem letzten Spülwasser etwas Essig zugeben, in Frottiertuch trocknen und heiß bügeln.

851. **Helle Krawatten reinigt man** mit einem in Benzin getauchtem Tuch. Damit sich keine Rückstände bilden können, ist schnelles Nachreiben zu empfehlen.

852. **Strickkleider,** die sich beim Waschen ausgeweitet haben, lege man erst in heißes, dann

in kaltes Essigwasser.

853. **Strickkleider** soll man nicht hängen, sondern legen.

854. **Knöpfe an Strickkleidern** versehe man auf der Rückseite mit einem Gegenknopf.

855. **Wollene Strümpfe werden nicht filzig,** wenn man sie vor dem ersten Gebrauch mit einem sehr nassen Tuch und einem heißen Eisen solange bügeln, bis das Tuch trocken ist.

856. **Verziehen von feinen Stoffen** verhütet man, wenn man ein Stück Papier mitnäht, das sich leicht wieder wegnehmen lässt.

857. **Seidene Spitzen** reinigt man, indem man sie in kalter Seifenflockenlauge leicht ausdrückt, gut spült und, noch feucht, von links bügelt.

858. **Stoffbrüche entfernt man aus Seide,** indem man sie einfach mit Spiritus befeuchtet.

859. **Alle glatten Tuche** müssen linksseitig gebügelt werden.

860. **Dunkle Stoffe,** die feucht gebügelt werden sollen, unterlegt man mit einigen Blatt Zeitungspapier, wodurch ein etwaiges Abfärben auf die Bügelunterlage vermieden wird.

861. **Harte, dicke Stoffe kann man nähen,** ohne dass einem die Nadel zerbricht, wenn man die Unterseite der Naht mit feuchter Seife bestreicht.

862. **Schnittmuster** kann man glatt auf Stoffe bringen, ohne dass man sie erst anzustecken braucht, wenn man die Schnittmuster aufbügelt.

863. **Nadeln lassen sich leichter einfädeln,** wenn man sie in ein Stück Papier steckt. Das Nadelöhr ist dann besser zu erkennen.

864. **Helle, seidene Mantel- und Jackenfutter** reinigt man strichweise mit Weingeist.

865. **Pelzsachen:** Damit die Stiche beim Nähen nicht ausreißen, ist die Innenseite des Pelzes anzufeuchten.

866. **Unangenehmen Geruch an neuen Pelzen entfernt man,** indem man den Pelz mit fein gemahlenem Kaffee bestreut und in ein Leinentuch einwickelt. Nach einigen Tagen wird der Kaffee den Geruch beseitigt haben.

867. **Pelzmäntel reinigt man** am besten durch Abreiben mit Kleie.

868. **Verschwitzte Kleider** stellt man wieder her, wenn man sie zwischen zwei Tüchern bügelt, die mit Salmiakgeist getränkt sind. Wiederholen.

869. **Kunstseidene Kleider und Unterwäsche** dürfen nicht hängend aufgewahrt werden, da sie sonst ihre Form verlieren. Man legt sie vorteilhaft in einen Kasten.

870. **Falten in zerdrückten Kleidern** verlieren sich wieder, wenn man die Kleider in feuchten Räumen aufhängt.

871. **Leinen** verwahrt man vorteilhaft in einem innen blau gestrichenen Kasten, das es durch diese Weise nicht gelb wird.

872. **Bademützen und Badeschuhe** streue man im Winter kräftig mit Talkum ein und wickle sie in ein Tuch.

873. **Lederhandschuhe** bewahrt man vor dem Durchschwitzen, wenn sie innen kräftig mit Talkum eingestreut werden.

874. **Handschuhe** halten länger an den Spitzen, wenn man ein kleines Klümpchen Watte in sie hineinschiebt.

875. **Wollhandschuhe reinigt man** in lauwarmem Wasser mit etwas Gallseife. Durch Waschen mit heißem Wasser filzen sie.

876. **Wollene Handschuhe** werden wasserdicht, wenn man sie in essigsaure Tonerdelösung taucht.

877. **Matte Strohhüte** macht man glänzend, indem man sie vorsichtig mit farblosem Lack bestreicht.

878. **Aus der Form geratene Strohhüte** hält man über Dampf und drückt sie dann über einer Form wieder zurecht.

879. **Unscheinbar gewordener Samt** reibt man mit Petroleum ab, bürstet und lüftet ihn, er wird dann wie neu.

880. **Schmutzspritzer an Strümpfen** kann man in den meisten Fällen mit Radiergummi entfernen.

881. **Nasse Schuhe** spannt man zum Trocknen auf Leisten oder stopft sie, wenn solcher nicht vorhanden sind, mit Tüchern oder Zeitungspapier aus.

882. **Blindgewordene Schuhe** werden wieder glänzend, wenn man sie mit einer halbierten Zwiebel einreibt und mit einem Wolltuch nachpoliert.

883. **Wasserdichte Schuhe** erzielt man, wenn man die Schuhe einige Stunden in recht dicke Seifenlauge stellt und gut trocknen lässt.

884. **Helle, farbige Schuhe** reinigt man mit farbloser Schuhcreme. Polieren mit einem Tuch.

885. **Besseren Glanz** erzielt man beim Schuhputzen, wenn man der Creme einige Tropfen Kaffee zusetzt.

886. **Brechen des Oberleders** wird verhütet, wenn man die Schuhe öfter mit Rizinusöl ein-

reibt.

887. Unangenehmes Knarren der Schuhe wird beseitigt, wenn man die Sohlen mit Leinöl volltränkt.

888. Mit Lammfell gefütterte Schuhe nach dem Winter vollständig mit Zeitungspapier ausstopfen und so aufbewahren. Da Motten keine Druckerschwärze vertragen, bleiben sie fern und verschonen ihre Winterschuhe.

889. Schuhkappen, die drücken, reibe und knete man, bis sie geschmeidig werden und nachgeben.

890. Zu enge Schuhe ziehe man mit nassen Strümpfen an und bewege die Füße kräftig.

891. Unansehnlich gewordene Lackschuhe werden wieder schön blank, wenn man sie mit Terpentinöl einreibt.

892. Lästigen Schweißgeruch vertreibt man aus Schuhen, wenn man sie mit übermangansaurem Kali ausreibt.

893. Die Strümpfe werden geschont, wenn man eine Sohle aus Samt in die Schuhe legt.

894. Glatten Sohlen nimmt man die unangenehme Glätte, wenn man sie mit Sand- oder Schmirgelpapier rau reibt.

895. Schuhsohlen werden strapazier- und widerstandsfähig, wenn man sie des öfteren mit Glyzerin abreibt.

896. Schuhsohlen werden fest und wasserdicht, wenn man sie mit Firnis bestreicht.

897. Beim Besohlen der Kinderschuhe lasse man die Sohlen etwas vorstehend anfertigen, die Kinder stoßen dann die Spitzen nicht durch.

898. Babyschuhe: Um Schuhe vor zu starkem Verschleiß an bestimmten Stellen zu schützen, tragen sie klaren Nagellack auf.

899. Feuchten sie ein Tuch mit Petroleum an und benutzen sie dieses für ihre **Bambusmöbel**. Ein schöner und schützender Effekt.

900. Basteln: Gern malen Kinder mit Wasserfarben, schütten aber auch ebenso gerne das benötigte Wasser dabei um. Stellen sie den Wasserbecher in einen Schwamm, den sie vorher ausgehöhlt haben.

901. Batterien: Batterieanschlüsse im Auto mit Vaseline einstreichen, damit diese vor Korrosion geschützt sind. Haushaltsbatterien nicht in den Mülleimer werfen. Der Handel hält entsprechende Behälter für leere Batterien bereit.

902. Oftmals sind **Baumwollbezüge** schwer zu reinigen. Benutzen sie ein weiches Kunststoffradiergummi.

903. **Becher:** Diese fallen oft zu Boden, weil sie durch ihre Glätte schwer zu halten sind. Ein paar Gummibänder machen den Becher schön griffig.

904. **Bolzen lösen:** Salmiakgeist hat hier eine gute Wirkung. Ebenso sollten sie versuchen, ein Tuch, das vorher mit Sprudel oder einem anderen kohlensäurehaltigen Getränk getaucht wurde, um den Bolzen zu legen und einwirken zu lassen. Der Bolzen löst sich.

905. **Brandlöcher** müssen vom Verkohlten befreit werden. Versuchen sie dann an einer nicht sichtbaren Stelle etwas Holzstaub mit Schmirgelpapier zu erzeugen und diesen mischen sie dann zu einer Paste mit etwas Holzleim. Das Loch vorsichtig füllen. Einfacher geht`s natürlich auch mit Holzpaste aus dem Baumarkt. Siegellack ist auch eine Möglichkeit.

906. **Brille putzen:** Ab und zu mit Glyzerin einreiben und mit einem Ledertuch nachpolieren. Hilft gegen beschlagene Gläser. Zum Reinigen etwas Essigwasser benutzen.

907. **Brillanten:** Salmiakgeist und ganz milde Seife und Wasser aufkochen. Die Brillianten in einen Sieb geben und kurz eintauchen. Gut spülen. Anschließend hilft Alkohol und danach gut abtrocknen.

908. Ein gutes Hilfsmittel, um **Chrom immer glänzend zu halten,** ist Vaseline, mit der sie die Teile von Zeit zu Zeit einreiben. Auch Salmiakgeist, leicht aufgetragen, hat eine gute Wirkung.

909. **Daunendecken:** Wenn die Daunendecke mit der Zeit zu hart wird, liegt es an der Feuchtigkeit der Federn. Öffnen sie die Decke und blasen sie mit dem Föhn kalte Luft hinein. Wenn sie Dauendecken auslüften möchten, bitte nicht in der prallen Sonne. Dieses lässt die Federn zu weit austrocknen, so dass sie brüchig werden können.

910. Wenn ihre **Dielen einmal knarren,** kann dies sehr störend sein. Benutzen sie Talgpuder, welches sie einfach in die Ritze streuen. Je nach Diele/Treppe ist auch Graphit möglich.

911. **Duschtüren:** Auch hier gilt, wie bei so vielen Reinigungsarbeiten im Bad, das Vermischen von Essig und ein wenig Wasser. Reiben sie die Duschtüren damit ab und sie werden nicht mehr so milchig aussehen.

912. **Duschvorhänge:** Essig mit Wasser vermischen und damit die hellen Duschvorhänge abreiben, um Kalkreste entfernen zu können. Damit es nicht zum Schimmelbelag kommt, legen sie die Vorhänge vor dem Aufhängen in eine Salzwasserlösung.

913. **Farbe klumpig:** Schütten sie die Farbe durch ein altes Sieb. Auch ein alter Schneebesen hilft bei nicht zu starker Verklumpung.

914. **Farbgeruch:** Einfach Vanille-Aroma in den Farbtopf geben. Ca. 1 TL auf einen Liter Farbe.

915. **Farbroller:** Weichspüler zum Reinigen verwenden.

916. <u>Fensterbänke reinigen:</u> Wasser und Spiritus gut vermischen, auf die Fensterbank auftragen und sich über das Ergebnis freuen.

917. <u>Fernsehbildschirm reinigen:</u> Auto-Klarsichttücher sind ideal für die Mattscheibe.

918. <u>Fliegen vertreiben:</u> Lorbeeröl in einem kleinen Schälchen aufgestellt oder die Blätter von Tomatenpflanzen aufhängen. Dieses mögen die Fliegen nicht.

919. <u>Fugen reinigen:</u> Nehmen sie Essigessenz auf eine Zahnbürste und reinigen sie so die Fugen ihrer Badezimmerfliesen. Essigessenz ist auch ideal zum Entfernen von Kalkrückständen im Bad.

920. <u>Gardinen aufhellen:</u> Backpulver, eine kleine Tüte reicht, in der Badewanne aufgelöst, und dazu für ca. 1 – 2 Stunden die gewaschenen Gardinen. Schon sind diese gut aufgehellt.

921. <u>Gardinen waschen:</u> Eines der Probleme bei Gardinenwaschen sind die Röllchen, die sich in der Waschmaschine verklemmen können. Geben sie aus diesem Grunde die Gardinen in ein zuknöpfbares Kopfkissen.

922. <u>Geruch im Kühlschrank:</u> Mit Essigwasser auf dem Tuch den Kühlschrank auswischen. Backpulver in einem Schälchen in den Kühlschrank stellen und etwa alle 14 Tage erneuern. Ebenso hilfreich gegen unangenehme Gerüche ist ein aufgeschnittener Apfel.

923. <u>Glas waschen:</u> Kristallglas nicht in die Spülmaschine ! Andere Gläser nur bis maximal 50/60°. Sollten sie ihre Gläser vernünftigerweise mit der Hand spülen, so trocknen sie diese auch möglichst sofort ab. Kristallglas mit feuchtem Salz abreiben, dann ist der Glanz umso schöner.

924. <u>Glassplitter zu entfernen,</u> besonders wenn sie sehr fein sind, ist ab heute kein Problem mehr. Nehmen sie einen feuchten Wattebausch. Die feinen Fasern halten die Splitter gut fest.

925. <u>Glatteis:</u> Sollte kein Streusplitt im Hause sein. Katzenstreu dagegen greifbar, so nehmen sie dieses. Meist ist es auch preiswerter. Auf keinen Fall Streusalz verwenden. Nur im Notfall, wenn ältere Menschen in Gefahr sind.

926. Es gibt im Handel genügend **<u>Holzschutzmittel,</u>** die umweltfreundlich sind. Achten sie darauf. In den Innenräumen sollten sie auf Holzschutzmittel verzichten. Bienenwachs und Leinenöl sind optimal !

927. <u>Kacheln reinigen:</u> Essig ist das ideale Mittel, um Kalkflecken von den Kacheln zu entfernen. Anschließend ein weiterer Trick: Reiben sie die Fliesen mit Wachspolitur, welche für`s Auto gedacht ist, ein und sie werden staunen, wie schön das Wasser abläuft.

928. <u>Kaffeemaschine reinigen:</u> Zitronensäure (1 EL) mit Wasser vermischt und durch die Kaffeemaschine laufen lassen. Danach mehrmals mit reinem Wasser „Kaffee kochen."

929. **Kamm säubern:** Rasierschaum einwirken lassen, den sie auf den Kamm aufgetragen haben. Abspülen, fertig.

930. **Kerzen** in`s Gefrierfach und sie halten beim Abbrennen umso länger. Einfach, aber wirkungsvoll.

931. **Korken:** Reiben sie mit einem feuchten Handtuch den Flaschenhals warm, damit der Korken dann leichter entfernen können.

932. **Kugelschreiber:** Zigarettenfilter reinigen die Spitzen des Kugelschreibers, der verklebt ist.

933. **Kinder malen** nun halt gern. Um aus der Buntstiftmalerei keine Schmiererei werden zu lassen, besprühen sie die Kunstwerke mit Haarspray. Um die Wände im Kinderzimmer nicht mit Nägeln zu verunstalten, spannen sie ein Netz an eine Seite der Wand, an dem sie die Bilder anklammern können.

934. **Den Nagellack,** der schon leicht angetrocknet an den Fingern ist, in einer Schale mit kaltem Wasser abschrecken. So geht`s schneller mit dem Trocknen. Um überhaupt die gebrauchte Nagellackflasche beim nächsten Male aufschrauben zu können, streichen sie Vaseline auf das Flaschengewinde.

935. Da sie ihre **Nähmaschine öfter ölen** sollen, nähen sie anschließend ein paar Mal durch Löschpapier. Somit vermeiden sie Ölflecken bei weiteren Näharbeiten.

936. **Ölgemälde reinigen:** Halbieren sie eine Kartoffel und reiben sie das Ölgemälde mit dem Katoffelsaft ab. Anschließend mit einem weichen Tuch nachpolieren.

937. Mit Essig eingestrichenes **Papier lässt sich leicht lösen.**

938. **Pilz im Bad:** Salmiakgeist auf ein Tuch träufeln und damit die Fliesen abreiben. Gut nachspülen und in Zukunft für mehr Lüftung sorgen.

939. **Bastlampenschirme** in die Wanne stellen und abbrausen. Geben sie ein wenig Geschirrspülmittel hinzu. Die Form kommt nach dem Trocknen wieder zurück.

940. **Quietschende Bettfedern** stören schon mal den Schlaf. Streichen sie diese mit Möbelpolitur ein.

941. Stellen sie einen **neuen Besen** zuerst in Salzwasser. Erst dann kehrt er auch gut.

942. **Verkalkte Brauseköpfe** legen sie in Essigwasser. Ruhig ein paar Stunden. Dann läuft das Wasser auch wieder durch alle Löcher.

943. Immer die **Reißverschlüsse** schließen, bevor sie die Hosen etc. waschen. So gehen sie auch wieder auf. Auch Graphit macht Reißverschlüsse wieder gängig.

944. **Rollladenbänder:** Mit Kerzenwachs eingerieben halten diese Gurte länger und laufen

auch leichter.

945. Sanitär: Petroleum reinigt Armaturen auf`s Beste. Der unangenehme Geruch verfliegt recht schnell.

946. Schraubenlöcher: Oftmals versucht man in schon bestehende Löcher (z. B. bei Türklinken) erneut Schrauben einzudrehen. Doch sind diese Löcher meist ausgeleiert. Stecken sie Streichhölzer hinein und schon klappt`s.

947. Schubladen: Sollte einmal eine Schublade dauernd klemmen, so geben sie Kerzenwachs an die Schubleisten.

948. Stofftiere: Schmutzige Stofftiere mit Stärkemehl einreiben und gut abbürsten.

949. Teppich reinigen: Druckstellen mit Dampfbügeleisen ausbessern. Bügeln sie mit Löschpapier Wachsflecken aus dem Teppich (Kleinste Stufe des Bügeleisens).

950. Tierhaare von Stoff entfernen sie mit einem feuchten Schwamm.

951. Tubendeckel: Kurze Zeit unter heißes Wasser halten. Dann gehen die Tuben auch wieder auf.

952. Kieselsteine geben großen **Bodenvasen** einen besseren Halt.

953. Walnüsse öffnen: In lauwarmes Wasser gelegte Walnüsse lassen sich leicht öffnen.

954. Wasserhahn tropft: Hängen sie einen dicken Wollfaden an den Wasserhahn, wenn dieser durch das Tropfen nervt.

955. Wespenfalle: Bierflasche aufstellen. Die Wespe fliegt in die Flasche, kann aber nicht mehr raus.

956. Zigarettenkippen: Ein wenig Sand im Autoaschenbecher verhindert das Nachglühen der schlecht „ausgemachten" Zigarette.

957. Holz, das am 01. und 02. Februar **geschlagen wird,** fault und wurmt nicht so schnell und lässt sich gut lagern.

958. Die Frische eines Blumenkohls erkennt man am frischen Blumenkohlgeruch und nicht an der Farbe.

959. Brokkoli sollte ohne welke Blätter und Verfärbungen sein.

960. Glatte **Petersilie** hat ein kräftigeres Aroma als gekräuselte.

961. Bei Verwendung von Champignons aus der Dose diese vor dem Dünsten abtropfen lassen und mit Papier trocknen. Zum Kochen etwas Butter (20 g) hinzufügen.

962. Mokka erhält ein spezielles Aroma, wenn man ein Stücken Schokolade oder Vanilleschote mit dem Kaffeepulver überbrüht.

963. Der Geschmack des Kochfisches verfeinert sich, wenn man dem Kochwasser etwas Milch zugibt.

964. Frische Erbsen schmecken besser, wenn sie in der Schale gekocht werden. Die Erbsen fallen beim Kochen aus der Schote heraus und die Schoten schwimmen oben.

965. Braune Eier platzen beim Kochen nicht so leicht, weil sie eine dickere Schale haben.

966. Frische Eier sind schwieriger zu pellen.

967. Kohl blanchiert man, indem der Strunk kegelförmig herausgeschnitten wird und in kochendem Salzwasser 15 Minuten gart, dann die Blätter vorsichtig lösen.

968. Zwiebeln sollten vor dem Braten mit Mehl bestäubt werden, damit sie braun und kross werden.

969. Noch nicht ganz reife **Avocados** reifen in einer braunen Obsttüte an einem warmen Platz nach.

970. Paprikapulver nicht mitbraten, es wird sonst bitter.

971. Geflügel wird beim Braten knusprig, wenn es mit Weinbrand, Bier oder Zuckerwasser eingepinselt wird.

972. Wenn man jeweils ein Rouladen-Eisenstäbchen in Kartoffeln hineinsteckt, **garen im Ofen gebackene Kartoffeln schneller.** Erst danach wickelt man sie in Alufolie.

973. Kompott schmeckt feiner, wenn man ein Stückchen Butter mitdünstet.

974. Bei **Hackbraten** etwas Speck unterlegen, dann brennt er nicht so schnell an.

975. Beim Anrühren von Mayonnaise müssen alle Zutaten die gleiche Temperatur haben.

976. Für Süßes gilt die Faustregel: Je weicher, desto gefährlicher für die Linie.

977. **Zitronen und Pampelmusen** geben mehr Saft, wenn man sie vor dem Entsaften kräftig hin- und herrollt.

978. **Grüne Stellen bei Kartoffeln und Möhren** sind giftig und nicht essbar.

979. **Knabberei zum Wein:** Helle Graubrotscheiben goldgelb rösten, anschließend mit Knoblauch einreiben, mit Olivenöl beträufeln, salzen und pfeffern.

980. **Jeden Braten** vor dem Aufschneiden in Alufolie wickeln und 15 Minuten ruhen lassen, dann bleibt er saftiger.

981. **Knoblauch** nicht im Kühlschrank aufbewahren, denn er wird bei Kälte bitter.

982. **Weniger stark geröstetes Brot (Toast)** hat mehr Vitamin B als stark geröstetes.

983. **Reis** sollte vor dem Kochen unter fließendem Wasser gewaschen werden. Ausnahmen sind Kochbeutelreis und vorbehandelter Reis.

984. Wenn man eine Rosine in die Flasche gibt, perlt und schmeckt schaler **Sekt** wieder.

985. **Diabetiker** müssen auch bei Honig und Sirup auf die Angabe der Broteinheiten (BE) achten.

986. **Küchendunst** kann man vermeiden, wenn man in einem Topf Zimt und Zucker warm werden lässt.

987. **Schwere Rotweine** sollten zwei Stunden vor Beginn des Essens geöffnet werden, damit der Sauerstoff das Bouquet entfalten kann.

988. **Durch Zugabe von getrockneten Apfelsinenschalen** wird Gebäck, Braten und Wild pikant gewürzt.

989. **Rohes Fleisch** im Kühlschrank bleibt länger frisch, wenn man es mit Öl einreibt und nicht einwickelt.

990. **Spiegeleier** werden erst nach dem Braten gesalzen.

991. **Blumenkohl** bleibt beim Kochen weiß, wenn man etwas Essig in das Wasser gibt.

992. **Bratenfleisch wird saftiger,** wenn man es vor dem Anbraten in kochendes Wasser taucht.

993. **Milch fließt schneller aus der Tüte,** wenn man ein zweites Loch hineinpiekt.

994. **Frische Eier** sinken im Wasserbad nach unten, ältere richten sich auf, sehr alte schwimmen oben.

995. Wenn man mit dem **Eierschneider Eier kreuz und quer durchschneidet,** erhält man

Würfel.

996. Das Braunwerden von Butter beim Braten kann durch Zugabe von Speiseöl verzögert werden.

997. Soßenwürfel werden immer mit warmem Wasser angerührt.

998. Durch Zugabe von etwas Zucker im Kochwasser erhält **grünen Erbsen** die Farbe.

999. Gulasch wird durch Mehlbestäubung vor dem Anbraten brauner und schmackhafter.

1000. Hart gewordener Käse wird in frischer Milch wieder weich.

1001. Eis muss beim Frieren gerührt werden.

1002. Ein Schuss Bier im Teig macht **Pfannkuchen locker.**

1003. Zwiebelschalen zum Schälen werden durch ein 5-Minuten-Bad in kaltem Wasser locker.

1004. Ein neues Produkt auf dem Markt ist der **Champagneressig.** Bei der Herstellung wird zum herkömmlichen Weißweinessig Sekt gemischt. Das leichte, unaufdringlich-frische Aroma passt hervorragend zu frischen Blattsalaten.

1005. Gefriergut darf nach dem Auftauen nicht wieder eingefroren werden und sollte bald verbraucht werden. Achten sie beim Kauf auf unbeschädigte Verpackungen, und machen sie den Schütteltest. Lässt sich zum Beispiel Gemüse locker schütteln, können sie davon ausgehen, dass die Kühlung während des Transports immer ausreichend war.

1006. Avocadopüree: Kenner der mexikanischen Küche schwören auf die selbstgemachte < Gracamole >. Das Fruchtfleisch der Avocados sollte unbedingt mit der Gabel zerdrückt werden, nicht mit dem Mixer oder Pürierstab. Es dürfen ruhig noch kleinere Stückchen im Püree verbleiben. Damit sich dieses nicht bräunlich färbt, legen sie einfach den Kern der Frucht in die angemachte Masse.

1007. Normalerweise sind Fische, die man kauft, bereits ausgenommen und gesäubert. Falls sie aber doch mal einen **Fisch selbst abschuppen** müssen, legen sie ihn kurz in heißes Wasser und schrecken ihn anschließend gleich mit kaltem Wasser ab. Dadurch lösen sich die Schuppen leichter.

1008. Schalen von unbehandelten Äpfeln sind eine köstliche Beigabe für **Bratensaucen.** Am besten eignen sich Boskop-Äpfel, da diese einen leicht säuerlichen Geschmack haben.

1009. Leider kommt es in unseren Breitengraden vor, dass **Tomaten** im Herbst aufgrund mangelnder Sonneneinstrahlung nicht mehr richtig reif, sprich rot werden. Pflücken sie die grünen Tomaten und geben sie diese zusammen mit einem reifen Apfel in eine Papiertüte. Das dem Apfel entweichende Äthylengas lässt die Tomaten in der Tüte reifen.

1010. Kartoffelkochwasser nicht wegschütten. Geben sie etwas davon in die **Bratensauce.** Sie werden überrascht sein, wie sich der Geschmack der Sauce verfeinert. Verwenden sie zur Herstellung der Sauce Alkohol, fügen sie ihn nach dem Einkochen der Sauce hinzu, da der sich sonst verflüchtigt.

1011. Frisches Gemüse ist im Winter schwer zu bekommen und wenn, dann müssen sie dafür mehr bezahlen als im Sommer. Greifen sie in den Wintermonaten deshalb ruhig zu Tiefkühlprodukten. **Tiefgekühltes Gemüse** hat den Vorteil, dass es frisch verarbeitet wurde und deshalb die Vitamine weitgehend erhalten bleiben.

1012. Offener Sekt behält sein Prickeln, wenn sie in den Flaschenhals den Stiel eines Metall-löffels stecken.

1013. Damit **Hummer,** den sie vielleicht an den Festtagen zubereiten, schön glänzt, reiben sie die Schale kurz vor dem Servieren mit Salatöl ein. Dieser Trick hilft auch bei anderen Schalentieren.

1014. Wenn sie **Konfitüren und Gelees selbst einmachen,** sollten sie vor dem Einfüllen in die Gläser eine Gelierprobe machen. Hierzu geben sie etwas von der Masse zum Ab-kühlen auf einen Teller. Bildet sich rasch eine Haut, können sie diese abfüllen. Ansonsten die Konfitüre oder das Gelee noch etwas köcheln lassen.

1015. Schnittlauch hat einen hohen Gehalt an Vitamin C und Eisen. Damit dieser nicht ver-lorengeht, sollte Schnittlauch nie mitgekocht, sondern immer frisch geschnitten kurz vor dem Servieren über die Speisen gestreut werden. Er eignet sich hervorragend zum Würzen von Suppen, frischem Quark, Salaten und grünen Saucen.

1016. Beim Kochen von Suppen und Suppenfleisch sollten sie folgendes beachten: Fleisch, das in warmem Wasser angesetzt wird, behält die Nährstoffe. Legen sie eher Wert auf eine gehaltvolle Suppe, setzen sie das Fleisch in kaltem Wasser ab. Die Nährstoffe kochen sich aus dem Fleisch und gelangen in die Brühe.

1017. Wie beim Zwiebelschneiden, tränen auch beim **Reiben von frischem Meerrettich** die Augen. Wenn sie den Meerrettich vorher einfrieren, bleibt ihnen dies erspart. Damit sich frisch geriebener Meerrettich nicht dunkel färbt, beträufeln sie ihn mit ein paar Spritzern Zitronensaft. Wenn sie geriebenen Apfel und einen Schuss süße Sahne zum Meerrettich geben, wird dessen Schärfe gemildert.

1018. Schütten sie **Weinreste** nicht einfach weg, sondern gießen sie diese in Eiswürfelbehäl-ter. Die Weinwürfel lassen sich später gut zum Kochen verwenden, ohne dass sie dafür extra eine neue Flasche Wein öffnen müssen.

1019. Grillen: Das Grillgut sollte zuerst auf den Grill kommen, wenn es keine offene Flamme mehr gibt; die Kohle eine graue Schicht aufweist und die Glut leuchtend rot ist. Ratsam ist außerdem die Anschaffung eines langstieligen Grillbesteckes. Es schützt vor Hitze und Verbrennungen an Händen und Armen.

1020. Frische Möhren, die direkt aus dem Boden kommen, befreien sie am besten mit einer

Bürste unter fließendem Wasser von Erde. Keinesfalls mit einem Küchenmesser abschaben. Sonst gehen die wertvollen Vitamine, die direkt unter der Schale sitzen, verloren. Das Gemüse nicht in Aluminiumtöpfen garen. Es verliert sonst seine frische Farbe und wird gräulich.

1021. **Mariniertes Fleisch** bleibt beim Kochen schön zart und erhält einen intensiven Geschmack. Zum Marinieren dürfen sie keine Gefäße aus Aluminium, Kupfer, Eisen oder Messing verwenden, da sich die Materialien nicht mit Essig vertragen. Marinaden, egal welche, nie salzen. Tiefgekühlte Lebensmittel müssen aufgetaut werden, bevor man sie in die Marinade legt.

1022. **Teekannen:** Teekenner schwören darauf: Für die Zubereitung von schwarzem Tee benutzen sie immer dieselbe Kanne. Diese wird nie mit Spülmittel gereinigt, sondern lediglich mit klarem Wasser ausgespült. Der sich in der Kanne ansetzende braune Belag verbessert das Teearoma.

1023. **Spargel** sollte ganz frisch verzehrt werden. Achten sie beim Kauf darauf, dass die Anschnitte weiß sind und die Stangen saftig frisch aussehen. Lassen sie die Finger von Waren, deren Enden ausgetrocknet und bereits bräunlich gefärbt sind. Ganz frischen Spargel können sie ein bis zwei Tage im Kühlschrank aufbewahren. Hierfür wickeln sie die Stangen in ein mit Essig- oder Salzwasser befeuchtetes Tuch.

1024. **Bananen** sollten, wenn möglich, hängend aufbewahrt werden. Das schützt vor Druckstellen und zu schnellem Braunwerden. Im Kühlschrank gelagert werden sie übrigens schneller braun als in der Obstschale.

1025. Damit sie auch im Winter nicht auf den **Genuss von Beeren** verzichten müssen, frieren sie diese im Sommer, wenn sie Saison haben, ein. Waschen und trocknen sie die Beeren. Damit Aroma, Farbe und Vitamine besser erhalten bleiben, sollten sie die Beeren leicht zuckern. Anschließend einzeln auf ein Backblech oder Tablett legen. Dieses geben sie in den Gefrierschrank. Sobald die Beeren gefroren sind, nehmen sie das Blech heraus und geben die Beeren in einen Gefrierbehälter oder –beutel. So klumpen sie nicht zusammen.

1026. Aus einem Brötchen (Semmel) und einer Scheibe Vollkornbrot können sie schnell selbst **Paniermehl** machen. Geben sie einfach beide für zwei Minuten in die Mikrowelle. Anschließend zerreiben und die Brösel mischen.

1027. Solange es in den Wintermonaten noch keine frischen **Pilze** gibt, verwenden sie zum Kochen einfach **getrocknete.** Diese sollten aber einen Tag vor Gebrauch in Wasser eingeweicht werden.

1028. **Obst- und Gemüsehaut entfernen:** Von Pfirsichen, Tomaten oder Kartoffeln lässt sich die Haut leichter schälen, wenn sie das Obst bzw. Gemüse mit kochend heißem Wasser überbrühen und anschließend mit kaltem Wasser abschrecken oder in kaltem Wasser liegend auskühlen lassen.

1029. Was wäre ein Original italienisches Pastagericht ohne frisch geriebene **Parmesan-**

<u>käse ?</u> Damit Parmesan im ganzen Stück länger frisch bleibt, wickeln sie ihn in ein feuchtes Küchentuch und bewahren ihn im Kühlschrank auf. Das Küchentuch immer wieder anfeuchten.

1030. Legen sie **schrumpelige Kartoffeln** einen Tag lang in kaltes Wasser. Sie saugen sich wieder mit Wasser voll und lassen sich dann besser schälen. Geschälte Kartoffeln können sie im Kühlschrank in einer mit Wasser und etwas Essig gefüllten Schüssel ein paar Tage aufbewahren.

1031. **Eier** aus dem Kühlschrank vor dem Kochen kurz in warmes Wasser legen.

1032. **Sind rohe und gekochte Eier durcheinandergeraten,** hilft die Drehprobe. Gekochte Eier drehen sich länger, rohe bleiben bald liegen.

1033. Eine Prise Salz macht süße **Melonenstücke** aromatischer.

1034. **Pflaumen und anderes Obst** brauchen beim Einkochen nur halb soviel Zucker, wenn man es vorher aufkocht.

1035. **Rohes Eidotter** können sie mehrere Tage im Kühlschrank aufbewahren, wenn sie das Eidotter in eine Tasse geben und vorsichtig soviel Wasser darauf gießen, dass es bedeckt ist.

1036. **Überkochen:** Kartoffeln, Reis und Nudeln kochen nicht mehr über, wenn sie eine Messerspitze Margarine oder einige Tropfen Öl in das kochende Salzwasser geben.

1037. **Schokoladen-Mousse** lässt sich auch ganz in Weiß zubereiten. Dafür wird am besten weiße Kuvertüre verwendet. Geben sie nur 1 EL Zucker zum Eiweiß dazu und rühren sie keinen Zucker unter die Schlagsahne, da weiße Kuvertüre süßer schmeckt als die dunkle.

1038. **Die Frische eines Blumenkohls** erkennt man nicht an der Farbe (es gibt weiße und elfenbeinfarbene Sorten), sondern am frischen Blumenkohlgeruch.

1039. **Die Schale der Ananas** in breiten Streifen abschälen. So schälen, dass die „Augen" weitgehend entfernt sind dennoch nicht zu viel Fleisch verloren geht. Die „Augen" der Ananas sind spiralförmig angeordnet. Deshalb schneidet man die verbliebenen, den Spiralen folgend, mit einem schärferen Messer heraus.

1040. **Reis eignet sich vorzüglich zum Einfrieren,** das sollte sich jeder Reis-Fan zu Nutzen machen. Kochen sie einmal eine größere Menge auf Vorrat. Den abgekühlten Reis portionsweise in Tiefkühlbeutel umfüllen, flachdrücken und einfrieren. Zum Auftauen einfach kurze Zeit in kochendes Wasser geben.

1041. **Mozzarella** ist ein weicher, fast weißer italienischer Käse. Traditionell wird er aus Büffelmilch hergestellt und schmeckt dann sehr aromatisch. Die meisten der bei uns angebotenen Käse jedoch entstehen aus Kuhmilch und haben ein sehr mildes Aroma.

1042. Ernährungstipps für heiße Tage:
* Trinken sie mindestens zwei Liter täglich. Am besten Mineralwasser, mit Mineralwasser verdünnte Fruchtsäfte oder kalte Früchte- und Kräutertees.
* Fünf kleinere Mahlzeiten sind bekömmlicher als drei große. Meiden sie schwerverdauliche Speisen.
* Bevorzugen sie leichte Gerichte aus Pellkartoffeln, Reis, Nudeln und gedünstetem Gemüse. Mittags reicht auch mal ein knackiger Salat.
* Frische Sommerfrüchte, Gurken, Tomaten, Joghurt, Obstsalat sind eine leichte Erfrischung zwischendurch.

1043. Wenn`s draußen stürmt und schneit, haben Glühwein und Punsch wieder Hochkonjunktur. Es muss ja nicht immer Alkohol drin sein. Auch ein **heißer Früchtepunsch** ist köstlich. Besonders lecker: eine Mischung aus Johannisbeere-, Kirsch- und Orangensaft, gewürzt mit Vanille, Zimt und Nelke. Fruchtgetränke sind übrigens nicht alle gleich: Wenn „Fruchtsaft" auf dem Etikett steht, hat das Getränk tatsächlich einen Fruchtanteil von 100 %. Fruchtnektar besteht zu 25 bis 50 % aus Fruchtsaft oder –mark. Der Rest sind Wasser und Zucker. „Fruchtsaftgetränke" haben nur einen Fruchtsaftanteil von 6 bis 30 %, der Rest besteht ebenfalls aus Wasser und Zucker.

1044. Beaujohlais: Die vollmundigen Rotweine mit ihren tollen Fruchtigkeitsvarianten sind ohne Ausnahme Qualitätsweine der höchsten französischen Kategorie.
1. Die Beaujohlais sind die leichten, fruchtigen, die jung getrunken (1 – 2 Jahre) ihren ganzen Charme entwickeln.
2. Die Beaujohlais-Villages sind feinnervig und harmonisch. Sie werden nur in ganz bestimmten Weindörfern in Nord-Beaujohlais geerntet.
3. Die Beaujohlais-Crus, die neun Spitzengewächse. Da ist ein Wein verführerischer als der andere. Jeder besitzt eine ausgesprochene Persönlichkeit. Das sind alles Weine, die man gut lagern kann.

1045. Angebranntes Gut: Wenn ihnen die Suppe angebrannt ist, sollten sie diese vorsichtig umschütten, ohne dass der Bodensatz mitkommt. Ist angebrannter Satz im Topf schwer zu entfernen, Wasser einfüllen und zum Kochen bringen. Danach kann der Satz leichter entfernt werden.

1046. Ansetzen: Es wird ihnen nichts mehr in der Pfanne ansetzen, wenn sie zunächst die Pfanne gut erhitzen und erst dann die Butter oder Öl in die Pfanne geben. Sollten sie mit Frikadellen Probleme haben, die in der Pfanne kleben bleiben, legen sie diese auf Speckstreifen. Schon ist das Problem kein Problem mehr.

1047. Aspik: Halten sie die Form kurz unter heißes Wasser. Dann lässt sie sich gut stürzen. Die Form vorher mit Salatöl auspinseln. Aspik ist dann schön glänzend.

1048. Austern müssen fest verschlossen sein. Offene Austern sind nicht mehr zum Verzehr geeignet. Allerdings sind die Austern in kochendem Wasser geöffnet. Die geschlossenen Austern dann wegwerfen. Muscheln sollten vor der Zubereitung sehr gut gewaschen und im Gefrierfach etwa 30 bis 40 Minuten gelagert werden. Ein Öffnen ist dann kein Problem mehr.

1049. Lebensmittel darf man nicht in Kupfergeschirr aufbewahren, weil Kupfer oxydiert.

1050. Salat und Gemüse bleiben frisch, wenn man sie in feuchtes Papier wickelt.

1051. Tomaten lassen sich längere Zeit **aufheben,** wenn man sie in Papier eingewickelt im kühlen Keller lagert.

1052. Geben sie zum Braten etwas Paniermehl und der **Fischgeruch** ist nicht mehr so heftig.

1053. Tomaten dürfen nicht **mit Frost** in Berührung kommen. Etwa noch grüne Früchte reifen im Zimmer nach oder in einer Kiste zwischen Torfmull gelagert.

1054. Zitronen halten sich, wenn man sie einzeln in Papier wickelt und so in trockenen Sand legt, dass sie sich nicht berühren.

1055. Aufgeschnittene Zitronen halten sich frisch, wenn man sie mit der Schnittseite auf eine Untertasse legt, in die man etwas Essig gegossen hat.

1056. Zitronen halten sich monatelang, wenn sie in Torfmull aufbewahrt werden.

1057. Honig prüft man, indem man einen kleinen Löffel voll in Spiritus verrührt. Naturreiner Honig löst sich auf. Wenn sich ein Niederschlag bildet oder die Lösung trübe wird, ist der Honig verfälscht.

1058. Gutes oder schlechtes Mehl unterscheidet man, wenn man eine Handvoll zusammendrückt. Gutes Mehl klebt zusammen, schlechtes nicht.

1059. Brot bleibt frisch, wenn man es in einen Stieltopf legt und diesen mit einem feuchten Tuch bedeckt.

1060. Eier halten Transport und Versand ungewaschen leichter aus als gewaschen.

1061. Eier halten sich jahrelang frisch, wenn man sie mehrmals in eine auf 38° Celsius erwärmte, konzentrierte Wasserglaslösung taucht, gut abtrocknet und auf einem hölzernen Rost lagert.

1062. Zu trockenen Käse legt man einige Tage in dicke, saure Milch. Er wird dann wieder ganz frisch.

1063. Um Butter lange frisch zu halten, gießt man Salzwasser darüber, bis sie bedeckt ist.

1064. Öl wird nicht ranzig, wenn man denselben von Zeit zu Zeit etwas Salz zusetzt.

1065. Pilze trocknet man, indem man sie fein in Scheiben schneidet und in die Sonne legt. Durch Überdecken mit Gaze schützt man sie vor Fliegen.

1066. Will man **Gurken lange frisch halten,** dann überstreicht man dieselben mit Eiweiß und

hängt sie am Stängel kühl auf.

1067. Frische Fische erkennt man durch Drücken mit der Fingerspitze. Verschwindet der Eindruck sofort, dann ist der Fisch frisch; bleibt der Eindruck, dann ist der Fisch schon älter.

1068. Fische lassen sich länger **aufbewahren,** wenn man sie in eine Schüssel mit Salzwasser legt. Vor dem Kochen gut abwaschen.

1069. Senf trocknet nicht ein, wenn man ihn mit etwas Salz mischt.

1070. Tafelsalz wird nicht feucht, wenn man in den Salzstreuer einige Körner Reis gibt, die die Feuchtigkeit anziehen.

1071. Obst bewahre man möglichst nicht in einem Raum auf, in dem Kartoffeln oder Gemüse lagern.

1072. Äpfel legt man in Kisten oder Fässer in Sand oder Torfmull und stellt dieselben in einen kühlen Keller.

1073. Wenn **Obst** vom Lagern einen faden Geschmack angenommen oder Aroma verloren hat, dann lege man diese einige Tage zwischen wollene Decken, es kommt dann beides wieder.

1074. Gefrorenes Obst und Gemüse taut man auf, indem man es an einem kühlen Ort in schwaches Salzwasser legt. Nach dem Auftauen an luftiger Stelle trocknen.

1075. Kirschen kann man lange frisch halten, wenn man dieselben mit Stiel pflückt und in einer Flasche gut verkorkt eingräbt.

1076. Trauben bleiben bis zum Frühjahr frisch, wenn man dieselben fast reif abschneidet, die Schnittfläche mit Wachs verklebt, dann kühl aufhängt.

1077. Pflaumen kann man auf dieselbe Art wie Trauben lange frisch halten.

1078. Verdauungszeiten verschiedener Lebensmittel:

1 Stunde:	Gekochter Reis, Honig.
1 ½ Stunden:	Geschlagene Eier, gebratenes Wildbret, weich gekochte Äpfel und Birnen, Obst als Mus gekocht, gekochte Forelle, Spinat, Sellerie, Spargel, durchgetriebener Erbsen- und Bohnenbrei, Hafergrütze.
2 Stunden:	Gekochte Milch, rohes Ei, gekochte saure Äpfel, Brötchen.
2 ¼ Stunden:	Frische, ungekochte Milch.
2 ½ Stunden:	Gebratene Gans, gebratenes Lammfleisch, geröstete Kartoffeln.
2 ¾ Stunden:	Pudding von Eiern und Milch, geröstetes zartes Rindfleisch.
4 Stunden:	Kalbsbraten
5 Stunden:	Entenbraten
6 Stunden:	Speck

7 Stunden: Pilze.
8 Stunden: Ölsardinen.

1079. <u>Versalzene Speisen</u> werden wieder genießbar, wenn man sie unter Zugabe von einigen geschnittenen, rohen Kartoffeln noch mal leicht aufkocht. Die Kartoffeln, die man wieder entfernen kann, nehmen den salzigen Geschmack an.

1080. <u>Versalzene Speisen</u> bekommen den richtigen Geschmack wieder, wenn man einen silbernen Löffel mitkocht.

1081. <u>Das Überlaufen von Milch</u> verhindert man, wenn man etwas Butter an den Rand des Topfes streicht.

1082. <u>Angebrannte Milch</u> kocht man mit etwas Natron noch einmal auf.

1083. <u>Milch wird nicht sauer,</u> wenn man ihr etwas Zucker zugibt und zwar 1 EL auf 1 Liter.

1084. <u>Gepanschte Milch</u> prüft man mit einer blanken Stecknadel. Bleibt etwas Milch an der Spitze hängen, so ist sie ungewässert.

1085. <u>Milchgefäße säuern nicht,</u> wenn man sie einmal in der Woche mit rohen Kartoffeln auskocht.

1086. Sogenannte **<u>Knickeier lassen sich kochen,</u>** wenn man sie in Seidenpapier einwickelt.

1087. <u>Gefrorene Eier</u> werden wieder genießbar, wenn man sie in kaltes Wasser legt, dem man auf 1 Liter etwa 2 EL Salz zugibt.

1088. <u>Eiweiß,</u> besonders solches von eingelegten Eiern, schlägt sich besser, wenn man ihm etwas Zitronensaft zusetzt.

1089. <u>Gemüse</u> nie lange im Wasser stehen lassen, sondern gleich gründlich waschen.

1090. <u>Eiweiß und Eigelb trennt man,</u> indem man beides in einen Trichter gibt. Das schwere Eigelb bleibt selbsttätig zurück.

1091. <u>Gemüse behält beim Kochen seine grüne Farbe,</u> wenn man den Topf nicht zudeckt.

1092. <u>Gemüse</u> befreit man von Würmern und Insekten, wenn man es mit Salzwasser wäscht.

1093. <u>Rettich schmeckt besser,</u> wenn man es nicht lange an der Luft steht. Beim Mitgeben zum Frühstück empfiehlt es sich, ihn nicht zu reiben, sondern nur in Scheiben zu schneiden.

1094. <u>Schmorkohl</u> wird schneller gar, wenn man ihn zuerst nur mit Zucker kocht und den Essig oder die Zitrone erst zum Schluss beigibt.

1095. <u>Rotkohlgemüse</u> wird schön sämig, wenn man etwas Reis mitkocht.

1096. Gelbgewordenen Blumenkohl kocht man, indem man dem Kochwasser etwas frische Milch zusetzt, wodurch der Blumenkohl wieder weiß wird.

1097. Suppen bleiben frei von der sich bildenden unschönen Haut, wenn man kleine Stückchen Butter auflegt.

1098. Bratwürste platzen nicht, wenn man sie vor dem Braten in etwas kalter Milch wälzt.

1099. Fleisch wird pikanter, tut man ganz wenig Essig und Zucker daran.

1100. Zähes Fleisch wird schneller weich, wenn man ein wenig Weinbrand zugibt.

1101. Geflügel wird beim Braten **besonders saftig,** wenn man es vor dem Einlegen in die Bratröhre mit Zitrone einreibt.

1102. Fett wird beim Braten schön braun, wenn man ihm etwas Milch zusetzt.

1103. Zwiebelgeruch in der Bratpfanne verschwindet, wenn man etwas Essig hineingießt.

1104. Zwiebeln schält man am besten unter der Wasserleitung, dann wird das so lästige Augentränen verhindert.

1105. Gebratener Fisch wird pikanter, wenn man in das Bratfett einige Tropfen Zitronensaft träufelt.

1106. Fische schuppen leichter, wenn man sie kurze Zeit in Essig legt.

1107. Ansetzen und Anbrennen von Reis verhütet man, wenn man den Reis ruhig kochen lässt und nicht umrührt.

1108. Hülsenfrüchte salze man erst nach dem Kochen, da sie sonst länger kochen.

1109. Erbsensuppe kocht man vorteilhaft, wenn man eine Scheibe Brot hineingibt. Die Erbsen sinken nicht auf den Boden und brennen nicht an.

1110. Kartoffeln bleiben bei längerem Warmhalten trocken und mehlig, wenn man sie mit einem sauberen Tuch zudeckt, das den Wasserdampf aufsaugt.

1111. Kartoffeln kochen schneller, wenn man etwas Margarine zugibt und das Salz erst kurz vor dem Garwerden dazugibt.

1112. Kartoffeln vom Tage vorher werden wieder frisch, wenn man sie in kochendes Salzwasser bringt.

1113. Süßgewordene Kartoffeln bringt man in einen mäßig warmen Raum.

1114. Alte Kartoffeln bekommen einen besseren Geschmack, wenn man dem Kochwasser ein wenig Zucker zusetzt.

1115. **Pellkartoffeln lassen sich leichter schälen,** wenn man sie nach dem Kochen mit kaltem Wasser übergießt.

1116. **Äpfel lassen sich leicht schälen,** wenn man sie einen Augenblick in kochendes Wasser gibt.

1117. **Tomaten lassen sich leichter schälen,** wenn man sie zuvor einen Augenblick in kochendes Wasser taucht.

1118. **Obst kocht nicht über,** wenn man es mit etwas Butter kocht.

1119. **Pflaumen und Rharbaber** brauchen weniger Zucker, wenn man ihnen etwas Natron beimischt. Das Natron muss aber, bevor man Zucker zugibt, mit den Pflaumen oder dem Rharbaber aufgekocht werden.

1120. **Zitronen sind ergiebiger,** wenn man sie vor dem Gebrauch im Herd etwas erwärmt.

1121. **Zu scharfer Essiggeschmack** bei Gurken, Essigbohnen usw. wird behoben, wenn man sie einige Stunden vor dem Gebrauch in eine Lösung von doppeltkohlensaurem Natron legt.

1122. **Eingelegte saure Gurken** bekommen einen pikanteren Geschmack, wenn man nach einigen Wochen alle Gewürze aus dem Einlegewasser herausnimmt und es, damit es ganz klar wird, durch ein Tuch gießt, und nur die Gurken wieder hineinlegt.

1123. **Gurken, die zu Salat gemacht werden sollen,** brühe man nach dem Schälen mit kochendem Wasser ab und schrecke sie dann in kaltem Wasser ab. Der Gurkensalat wird dann besser vertragen.

1124. **Geschnittene oder gehobelte Gurken** hält man frisch, wenn man sie mit Kümmel und Weinessig anmacht, in Einmachgläser legt und mit Öl übergießt. Zur Verbesserung des Geschmacks kann man eine Paprikaschote dazulegen.

1125. **Speisen und Getränke kühlt man schnell ab,** wenn man sie in ein Gefäß mit kaltem Wasser stellt, in das man vorher eine Handvoll Kochsalz gegeben hat.

1126. **Kochdunst** entfernt man aus der Küche durch Aufstellen einer Schüssel mit heißem Wasser, in das man etwas Lavendelöl träufelt.

1127. **Das Aroma des Kaffees** wird erhöht, wenn man in den gemahlenen Kaffee eine Prise Salz gibt.

1128. **Babyernährung:** Frisches Gemüse kann man bekanntlich auch pürieren und einfrieren.

1129. Oftmals hat man **Bananen, die schon braun geworden sind.** Diese kann man für ein köstliches Gericht, dass der gebackenen Banane verwenden, oder auch pürieren und anschließend einfrieren.

1130. Birnen werden nicht so hässlich braun, wenn sie sie mit etwas Zitronensaft überträufeln.

1131. Kochen sie vorher die Kartoffeln, aus denen sie **Bratkartoffeln** machen wollen. Mischen sie Öl und Margarine und so werden ihre Bratkartoffeln ein herrliches Gericht.

1132. Bratfisch: Geben sie zum Paniermehl etwas Parmesankäse und der Fischgeruch ist nicht mehr so stark.

1133. Bratwurst: Heißes Wasser, in das sie die Würste vor dem Braten legen und etwa 10 Minuten ziehen lassen, verhindern das Aufplatzen und Schrumpfen. Auch Mehl, in dem sie die Bratwürste wälzen, hat dazu noch eine schmackhafte Wirkung. Sollten sie probieren ....!

1134. Stein- oder Tontöpfe sind ideal für das sonst **unverpackte Brot.** Auch ein Apfel im Brotkasten ist eine gute Entdeckung. Ebenso soll Sellerie eine lang anhaltende Frische bewirken. Hartgewordenes Brot umwickelt man mit einem feuchten Tuch und legt das Brot in den Kühlschrank. Nach ein paar Stunden Kühlung im Backofen (ca. 30 Minuten) aufbacken.

1135. Eingefrorene Brötchen mit ein wenig Wasser bestreichen und dann im vorgeheizten Ofen wieder aufbacken. Sie werden schön knusprig. Anstelle von Wasser kann man auch Milch verwenden.

1136. Öffnen sie Suppendosen nach dem Schütteln am Dosenboden, um Spritzer beim Umfüllen in den Topf zu vermeiden.

1137. Canapés: Legen sie ein leicht angefeuchtetes Tuch unter die Canapés und stellen sie diese in den Kühlschrank. So bleiben sie frisch und trocknen nicht aus.

1138. Champignons: Wie bei Obst, welches nicht braun werden soll, mit Zitronensaft/ Wassergemisch beträufeln. Eierschneider sind ebenso zum Schneiden von Champignons ideal.

1139. Chips und Cracker: Die halbvolle Tüte Chips vom Vortag in den Backofen ausschütten und einige Minuten erhitzen. Schon sind die Chips oder Cracker wieder wie frisch.

1140. In vielen Haushalten gibt es an den Weihnachtsfeiertagen einen Gänsebraten. **Das Fett,** das sich beim Garen herausbrät, sollten sie nicht wegwerfen, sondern kühl **aufbewahren.** Es eignet sich später zur Zubereitung von Pasteten und zum Dünsten von Gemüse.

1141. Im Advent und zu Weihnachten ist Nüssezeit. Die beste Qualität erhalten sie, wenn sie **frische Nüsse** in der Schale kaufen. Kenner schätzen bei frisch geschälten Nüssen den intensiveren Geschmack. Zudem sind diese knackiger als fertig geschälte und wurden nicht mit Salz behandelt. So können sie feststellen, ob Nüsse frisch sind: Klappert der Kern in der Schale, ist die Nuss alt. Je heller der Nusskern, desto frischer ist die Nuss.

1142. Dickmilch lässt sich selbst herstellen, wenn sie Rohmilch etwa zwei Tage bei normaler Zimmertemperatur aufbewahren.

1143. Um **Dörrobst schnell weich zu bekommen,** sollten sie das Obst erst kochen und danach den Zucker unterrühren.

1144. Eischnee: Zitronensaft zum Eiweiß geben. Ein schön fester Eischnee ist das Ergebnis.

1145. Eiskaffee: Kaffeepulver aus Schnellkaffees mit kochendem Wasser übergießen und abkühlen lassen. Danach Vanilleeis und Zucker hinzufügen.

1146. Eiweiß ist etwa ein Jahr lang haltbar, wenn sie es einfrieren. Also zu bestimmten Zeiten (Weihnachten etc.), wo besonders viel gebacken wird, ist ein solcher Vorrat immer von Nutzen.

1147. Eistee: Ein möglichst aromatischer Tee wird mit kaltem Wasser aufgegossen und kühl gestellt. Sehr erfrischend in den heißen Sommerwochen.

1148. Eiswürfel: Bei besonders großen Mengen, die sie ja meist in den Sommermonaten benötigen, frieren sie fertige Eiswürfel in Papiertüten ein.

1149. Erdbeeren: Erst waschen und zuckern, dann klein schneiden. So nehmen die Erdbeeren nicht zuviel Wasser auf.

1150. Espresso: Eierschalen in den Espressokaffee macht ihn klarer.

1151. Esskastanien: Entweder sie kochen die Kastanien erst ca . 10 Minuten nachdem sie sie an der flachen Seite kreuzweise eingeschnitten haben, oder sie braten die Kastanien in der Pfanne. Nach dem Kochen oder Braten lassen sie sich mit einem Messer leicht schälen.

1152. Gartest: Benutzen sie ein Streichholz oder Schaschlik-Stäbchen, welches sie in den Teig stecken. Bleiben Reste kleben, so ist der Kuchen noch nicht gar.

1153. Gewürze: Nicht allzu große Mengen einkaufen, da Gewürze an Intensität verlieren. Ebenso darauf achten, dass die Gewürzbehälter gut verschraubbar sind und dunkel stehen. Viele kleine Gewürzbehälter sind also ideal.

1154. Sollten sie **Grünkohl essen** wollen, der noch keinen Frost bekommen hat, so legen sie diesen in das Gefrierfach. Möglichst mehrere Stunden. Denn erst Grünkohl, der Frost bekommen hat, schmeckt wirklich gut.

1155. Hartwurst: Salami am Stück o. ä. in kaltes Wasser gelegt, lässt sich anschließend die Pelle gut entfernen.

1156. Klöße: Nehmen sie eine kleine Menge Salatöl in die Hände und verreiben sie es. Nun können sie Klöße formen, ohne dass sie an den Fingern kleben.

1157. Käse: Würfelzucker in den Behälter, in dem sich der Käse befindet und der Käse hält sich noch viel länger. Der Behälter sollte möglichst immer gut verschlossen sein.

1158. Knäckebrot: Den Ofen auf kleinste Stufe stellen und das Knäckebrot kurze Zeit hinein legen. So wird`s wieder knackig.

1159. Kauen sie frische Petersilie und der **Knoblauchgeruch** verschwindet. Schokolade oder Milch helfen auch.

1160. Kohlspeisen: Kümmel zu den Kohlgerichten ist empfehlenswert, da dies den Verzehr des Kohls wesentlich bekömmlicher macht.

1161. Leber niemals vor dem Braten salzen. Denn wer mag schon gerne harte Leber ?

1162. Mais kochen: Fügen sie einen Schuss Zitronensaft dem Kochwasser bei, um dem Mais eine schöne gelbe Farbe zu geben. Salzen sie das Kochwasser nicht. Es macht den Mais nur zäh.

1163. Melonen sind frisch, wenn sie dunkel klingen. Dunkel, nicht hohl, denn dann sind die Melonen noch nicht reif.

1164. Milch kochen: Schmelzen sie ein Stück Margarine in dem vorher mit kaltem Wasser ausgespülten Topf. Die Margarine sollte sich auf dem ganzen Boden verteilt haben. Nun brennt ihnen die Milch nicht mehr an.

1165. Napfkuchen: Stecken sie eine Makkaroni-Nudel aufrecht in den Napfkuchen, bevor sie ihn zum Backen in den Ofen schieben. Die Makkaroni wirkt wie ein Schornsteinfeger und der Napfkuchen geht wunderbar auf und fällt nicht zusammen.

1166. Nudeln: Einen guten EL Öl und eine gute Menge Salz in das Kochwasser. Die Nudeln kleben nicht mehr zusammen.

1167. Nüsse: Trocken aufbewahren. Die braune Haut der geknackten Nüsse entfernen sie kinderleicht, wenn sie die Nüsse in warme Milch legen (etwa 10 Minuten).

1168. Obsttortenboden: Sahnesteif auf dem Tortenboden verhindert das Durchweichen.

1169. Omelett: Fügen sie eine Prise Stärkemehl dem Ei zu, bevor sie es schlagen.

1170. Ostereier: Mit Zitronensaft abwaschen, bevor die Eier gefärbt werden.

1171. Wenn der **Pudding** noch heiß ist, streuen sie Zucker darauf. Es bildet sich keine Haut.

1172. Bewahren sie **Popcorn** im Gefrierfach auf. Dann fallen ihnen auch die schlechten Popcorn´s auf, die sie so leicht aussortieren können.

1173. Quark: Stellen sie die Quark-Packung auf dem Kopf in den Kühlschrank, damit er länger haltbar bleibt.

1174. **Sahne:** Behälter vor dem Sahneschlagen gut kühlen. Möglichst beim Schlagen den Behälter mit der Sahne ins Eiswasserbad stellen.

1175. Sollte ihr **Kopfsalat** einmal ein wenig angewelkt sein, so mischen sie beim Salatwaschen den Saft einer Zitrone in das Wasser.

1176. **Wenn Salz klumpig** geworden ist, nehmen sie einfach eine Reibe.

1177. **Sauerkraut:** Achten sie beim Einkauf darauf, Sauerkraut in Gläsern zu nehmen, nicht solches, dass in Plastik eingeschweißt wurde. Der Kunststoff verträgt sich meist nicht mit dem Kraut und kann zu Vitaminverlusten führen.

1178. **Wurst:** Mit kaltem Wasser die Wurst übergießen und dann in Eiswasser legen. So bekommen sie die Pelle ab.

1179. **Zitronen:** Einen kleinen Teller mit Zucker bestreuen und die angeschnittene Zitrone mit der Schnittseite in den Zucker legen. So bleibt die Zitrone weiter frisch und trocknet nicht aus.

1180. **Zwiebeln:** Packen sie Zwiebeln einzeln in Folie. So treiben sie nicht und werden nicht weich. Angeschnittene Zwiebeln mit Margarine bestreichen.

1181. **Zucker:** Harten Zucker mit einer Reibe wieder zerkrümeln. Braunen Zucker in einer Tüte im Kühlschrank aufbewahren.

1182. In der winterlichen Vegetationsruhe vertragen Zimmerpflanzen keine hohen Raumtemperaturen, auch sollte häufiges Gießen vermieden werden.

1183. Damit ihre **Schnittblumen** in der Vase länger frisch bleiben und sie lange Freude an ihnen haben, hilft folgender Trick: Geben sie einen Cent, ein Stück Würfelzucker oder eine Prise Salz ins Blumenwasser oder lösen sie eine Aspirintablette darin auf.

1184. Wasser, in dem sie Eier gekocht haben, nicht wegschütten. Benutzen sie es als **Gießwasser** für ihre Topfpflanzen, denn es wurde mit vielen Mineralien angereichert, die das Gedeihen der Pflanzen fördern.

1185. Blumen lassen sich hervorragend mit dem Wasser vom Eierkochen **gießen.** Sehr nährstoffhaltig. Wenn das Wasser in der Blumenvase unangenehm riecht, hilft hier ein Stück Holzkohle.

1186. Zimmerpflanzen lieben kein kalkhaltiges Wasser. Wenn in ihrer Region das Wasser schon weiß aus dem Wasserhahn kommt, so kochen sie es erst ab.

1187. Pflanzenblätter: Milch und Wasser zu gleichen Teilen mischen und damit die Pflanzenblätter abreiben. Sie glänzen dann schön. Empfehlenswert ist, sie vorher gut abzustauben.

1188. Schildläuse: Einen kleinen Löffel Brennspiritus und ebensoviel Spülmittel vermischen und in eine Sprühflasche geben.

1189. Die untere Öffnung bei Blumentöpfen belegt man nicht mit Scherben, sondern mit Knochenresten, da dieselben den Pflanzen wichtige Nährstoffe liefern (Kalk).

1190. Zimmerpflanzen werden besonders kräftig, wenn man dem Gießwasser einige Tropfen Spiritus beifügt.

1191. Blumen werden selbsttätig gegossen, wenn man auf einen Tisch, um den man die Blumen gestellt hat, einen Topf Wasser stellt und vom Boden des Topfes Wollfäden zu den Blumen leitet. Die Wollfäden fördern soviel Wasser, wie die Blumen benötigen (Dochtwirkung).

1192. Blumendünger wird von den Blumen leichter aufgenommen, wenn er vorher in Wasser aufgelöst wird.

1193. Zimmerpflanzen gießt man vorteilhaft mit dem Wasser, in dem das Fleisch abgewaschen wurde; es ist ein guter Blumendünger.

1194. Ein gutes Düngemittel für Blumen sind Eierschalen. Man lege dieselben in Wasser und lasse dieses längere Zeit stehen.

1195. Zimmermyrten bringe man im Winter in einen frostfreien, ungeheizten Raum. Sie brauchen wenig Wasser, doch müssen die Wurzelballen immer feucht sein.

1196. **Zimmerlinden** brauchen einen sonnigen Standort und viel Wasser.

1197. **Krokus,** in Glasschalen gezogen, braucht wenig Wasser.

1198. **Palmen** gebrauchen wenig Wasser, jedoch mehr Feuchtigkeit aus der Luft, daher stets Wasserbehälter auf Heizung stellen.

1199. **Kakteen** werden im Winterhalbjahr ganz besonders wenig gegossen. In wärmeren Zimmern gießt man alle 14 Tage wenig. Zuviel gegossene Kakteen bringen keine Blüten und faulen.

1200. **Ein guter Blumendünger** ist Tabak- und Zigarrenasche.

1201. **Regenwürmer** vertreibt man aus Blumentöpfen, wenn man Walnussblätter oder grüne Walnussschalen kocht und damit in kaltem Zustand den Stock gießt. Die Würmer kommen dann an die Oberfläche und können leicht entfernt werden.

1202. **Blumenableger** kneife man am Stamm ab, stelle sie einige Zeit in Wasser, bis sie Wurzeln geschlagen haben und pflanze sie ein.

1203. **Ableger** erhält man Ende Juli bis Anfang August, indem man sich eignende Zweige zu Boden biegt und den Stängel triebaufwärts ein wenig einschneidet und die Schnittstellen in die Erde legt. Nach Bewurzelung vorsichtig in Töpfe pflanzen.

1204. **Blumen bleiben zwei Wochen frisch,** wenn man jeden Tag das Wasser erneuert und dem frischen Wasser einen Teelöffel Salmiakgeist zusetzt.

1205. **Schnittblumen halten sich länger frisch,** wenn man zu ihnen in dieselbe Vase einen Zypressenzweig (Lebensbaum) stellt.

1206. **Schnittblumen halten sich lange frisch,** wenn man um die Schnittflächen ein feuchtes Tuch wickelt. Wichtig beim Postversand.

1207. **Heidekraut bleibt lange frisch,** wenn man die trockenen Zweige einige Stunden in Wasser legt (evtl. etwas Salzsäure – 1:10 – beimischen).

1208. **Hohe, schlanke Blumenvasen** fallen nicht um, wenn man eine Schicht Sand auf den Boden streut.

1209. **Blumenkästen bleiben dauerhaft,** wenn man sie mit einem Gemisch von gleichen Teilen Kalkmilch und Leinöl streicht.

1210. **Kressesalat** kann man im Zimmer ziehen, wenn man eine Schüssel oder dergleichen mit angefeuchteter Watte belegt und mit Samen von Kresse bestreut. Schüssel zunächst an einem warmen Ort und später am Fenster aufstellen.

1211. **Erdflöhe** halten sich nicht in Blumentöpfen, wenn man Streichhölzer mit dem Kopf nach unten in die Erde steckt.

1212. Die Erdmischung für die Töpfe und Holzkübel soll immer 1/6 scharfen Sand enthalten, der die Erde gut luft- und wasserdurchlässig macht.

1213. Der Topfuntersatz soll aus einem wasserundurchlässigen Material sein (Glas, Porzellan, Emaille etc.). Tonuntersetzer eignen sich deshalb nicht.

1214. Bei Benutzung von Kunstdüngern hüte man sich vor zuviel des Guten. Gebrauchsanweisung genau beachten, höchstens 1 – 2 g auf 1 Liter Gießwasser.

1215. Dauernden Blumenflor erreicht man, indem man die abgeblühten Blumen immer entfernt und keinen Samenansatz duldet.

1216. Orchideen: Kein kaltes, eher lauwarmes Wasser benutzen. Kein Zug und gleichmäßige Zimmertemperatur.

1217. Rosen: Wenn sie frische Rosen gekauft haben, so halten sie die Stiele in heißes Wasser. Die Rosen halten länger. Eine andere Möglichkeit ist das Bad in kaltem Wasser.

1218. Nicht während der Blüte der Zimmerpflanzen **umtopfen.** Immer eine Nummer größer sollte der neue Topf sein. Gut wässern.

1219. Urlaubsvorsorge: Zimmerpflanzen auf mit Wasser getränkten, gefalteten Handtüchern stellen. So können diese eine gute Zeit Wasser von unten aufnehmen.

1220. Usambaraveilchen können durch Blattstecklinge vermehrt werden. Stecken sie dazu die einzelnen Blätter mit etwas drei Zentimeter Stiel bis zum Blattansatz in Aussaaterde.

1221. Was im Frühjahr auf dem Balkon oder Garten gedeihen soll, können sie bereits im Winter am Zimmerfenster in **Aussaatschalen** züchten, beispielsweise Tomaten und Paprika.

1222. Für neue Blütenpracht im Winter schneiden sie im März die Triebe des **Weihnachtssterns** zehn Zentimeter über der Erde ab.

Der pfiffige Ratgeber

Inhaltsverzeichnis

(Die Ziffer ergibt die Nummer des betreffenden Ratschlages.)

Dielen (knarrende)	910	Glasschüsseln	550
Druckflecken	521	Glassplitter	924
Duschtüren	911	Glasuntersetzer	524
Duschvorhänge	527, 912	Glatteis	925
Eiflecken	812	Gold reinigen	723, 725
Einschenken	720	Goldborten	678
Einschmiermittel	591	Goldene Ketten	724
Emaille	564	Goldrahmen	679
Essigflecken	568	Grasflecken	518 – 520, 743
Falten	870	Gummi	713
Farbe (klumpig)	913	Gummiringe	714
Farbflecken	813, 814	Handschriften	605
Farbgeruch	914	Handschuhe	874
Farbige Kleider	829	Harzflecken	766, 767
Farbroller	915	Haustüren sichern	645
Fensterbänke	916	Heidelbeerflecken	513 – 516
Fensterfugen	710	Heizkörper	649
Fensterleder	545	Hemdkragen säubern	740
Fenster putzen	541, 543, 544	Heringsgeruch	569
Fensterrahmen	542	Holzgefäße	581
Fernsehbildschirm	917	Holzgeschirr	580
Fett entfernen	757 – 762, 782, 815	Holzmöbel pflegen	646
Feuchte Keller	617	Holz schlagen	957
Feuchte Räume	615	Holzschutzmittel	926
Filzstiftflecken	816	Holzwürmer	620 – 623
Fischgeruch	571, 647	Hosenaufschlag	798
Flaschen	559, 561	Kacheln	927
Flaschenetiketten	560	Kaffeekannen	721
Flecken in Samt	802	Kaffeemaschinen	500, 928
Flecken	503, 504, 745, 770, 791 – 794	Kakaoflecken	751
Flecken in Marmor	763	Kalkflecken	776 – 778
Fleckenentferner	744	Kammgarnstoff	755
Fliegenflecken	785, 788, 789	Kamm säubern	929
Fliegen vertreiben	918	Keramik	494
Fotofilme	526	Kerzen	492, 641 – 644, 930
Fotografien	680	Kesselstein	739
Fransen	834	Kinder malen gerne	933
Fruchtflecken	507	Kinderschuhe	897
Fruchtsaftflecken	817	Kirschflecken	517
Fugen reinigen	919	Klaviertasten	693, 694
Gardinen	920, 921	Klebstoff	700
Gartengeräte	539	Klebstoffspuren	529
Gefrieren	845	Kleider	809, 830, 868, 869
Geruch	922	Kleiderbürsten	574
Gestärkte Kragen	846	Kokosläufer	677
Getrocknetes Eigelb	783	Korallen säubern	687
Geweihe	689	Körbe	668, 669
Gips	698	Korken	528, 716, 931
Gipsfiguren	681, 682	Krawatten	850, 851
Glas	547, 552 – 557, 709, 923	Kronleuchter	691
		Kugelschreiber	932
Gläser	538, 548, 551	Kugelschreiberflecken	650
		Küchenbretter	573
Glaskaraffen	495, 549	Lackschuhe	891

Lederhandschuhe	873	Reißverschlüsse	943
Ledermöbel	667	Rollladenbänder	944
Leim	703, 704, 706	Rostflecken	587 – 590, 594, 600
Leimgerüche	491	Rostschutz	604
Leinen	871	Roststellen	522
Leiter	627	Rotweinflecken	509, 819
Likörflaschen	510	Samt	879
Linoleum	628	Samt auffrischen	801
Mantelfutter	864	Sanitär	945
Marmor	695 – 697	Satin waschen	826
Messer reinigen	566	Schlittschuhe	592
Messer schärfen	572	Schminkeflecken	742
Messing säubern	735, 736, 738	Schnittmuster	862
Metall reinigen	733, 734	Schrankfächer	536
Milchflecken	786	Schrauben eindrehen	537
Milchgläser	533	Schraubenlöcher	946
Möbelpflege	652 – 663	Schrauben lösen	601, 602
Mohairpullis	525	Schubladen	607, 947
Motorölflecken	486	Schuhcremeflecken	787
Mottenkugeln	664	Schuhe	523, 540, 881 – 890, 892 – 896
Nadel einfädeln	863		
Nägel	625	Schwämme	576, 577
Nagelbürsten	575	Schweißgeruch	805
Nagellack	934	Seidenmöbel	666
Nähmaschine	935	Seidenstoffe	807
Naturschwämme	487	Seife	717
Oberhemden	847	Sengflecken	825
Obstflecken	511, 512	Silber reinigen	726 – 732
Obstsaftflecken	741	Speiseflecken	780
Ölfarbe	651	Spiegel	546
Ölfarbenflecken	779	Spielkarten	582
Ölfarbengeruch	630	Spinatflecken	824
Ölfarbenpinsel	583	Spitzen	835, 841, 857
Ölflecken	781, 818	Stahlwaren	586
Ölgemälde reinigen	936	Stärke	843, 844
Ostereier färben	493, 535	Stauben	665
Pakete	496	Stearin entfernen	690, 773
Papier	610, 611, 707, 708, 937	Steine (echte und unechte)	684
		Stickereien	831
Parfümflecken	750, 774	Stoffbrüche	858
Pelze	865 – 867	Stoffe	748, 827, 837 – 840, 860, 861
Petroleumlampen	711, 712		
Pfosten aus Holz	618, 619	Stofftiere	948
Pilz im Bad	938	Straßenschmutz	775
Pinsel reinigen	490, 584	Strickkleider	852 – 854
Plastikschläuche	648	Stricknadeln	718
Porzellan	562, 563, 570, 683, 699	Strohhüte	877, 878
		Strümpfe	808, 855, 856, 880
Pralinen	531	Stuhlfüße	626
Punschflecken	506	Stuhlrohr	670, 671
Randflecken	746	Suppenflecken	764
Raumluft	497, 498, 632 – 635	Tabakflecken	749
Rausch	719	Tannenzweige	639, 640
Regenflecken	768, 769	Tapeten	629
Regenschirme	614	Taschentücher	806

Bibliografische Information der Deutschen Nationalbibliothek: Die Deutsche Nationalbibliothek verzeichnet diese Publikation in der Deutschen Nationalbibliothek; detaillierte bibliografische Daten sind im Internet über dnb.dnb.de abrufbar

Copyright
© 2021 Kurt Bekker
Herstellung und Verlag: BoD-Books on Demand, Norderstedt.
ISBN: 9783753425450